不一样的夏令营

山西出版传媒集团
山西人民出版社

图书在版编目（CIP）数据

不一样的夏令营／河北省共同行动助学基金会编著.
-- 太原：山西人民出版社，2018.5
ISBN 978-7-203-09645-0

Ⅰ.①不… Ⅱ.①河… Ⅲ.①中学生—野营(军事体育)—概况—中国—2017 Ⅳ.①G873

中国版本图书馆CIP数据核字（2018）第095158号

不一样的夏令营

编　　著：河北省共同行动助学基金会
责任编辑：郭向南
复　　审：武　静
终　　审：秦继华
装帧设计：荣誉品牌策略

出 版 者：山西出版传媒集团·山西人民出版社
地　　址：太原市建设南路21号
邮　　编：030012
发行营销：0351-4922220　4955996　4956039　4922127（传真）
天猫官网：http://sxrmcbs.tmall.com　电话：0351-4922159
E-mail：sxskcb@163.com　发行部
sxskcb@126.com　总编室
网　　址：www.sxskcb.com

经 销 者：山西出版传媒集团·山西人民出版社
承 印 厂：山西臣功印刷包装有限公司

开　　本：890mm × 1240mm　1/32
印　　张：9.5
字　　数：260千字
印　　数：1-1500册
版　　次：2018年5月 第1版
印　　次：2018年5月 第1次印刷
书　　号：ISBN 978-7-203-09645-0
定　　价：68.00元

图为河北省共同行动基金会理事长魏星（左一）、志愿者范文燕（右二）、冯妍（右一）去看望赵渭忠将军

河北省军区原副政委赵渭忠将军多年来致力于支持希望工程，他将自己的全部退休收入捐献了出来。至今他个人捐款和筹集的社会捐助已达千万元，援建希望小学33所，被誉为“希望将军”，荣获“全国关心下一代先进个人”“首届中华慈善大会中华慈善奖”等慈善大奖。当他得知河北省共同行动助学基金会的助学义举时，欣然为本书题诗。

共同行动史命重
携手共圆中国梦
薪火相传献青春
砥砺前进建新功

赵谭忠

2018年5月1日

《不一样的夏令营》编委会

总策划 魏 星

主 编 范文燕

副主编 张 兰 高 岚

成 员 王向勇 邢计蕊 郭玉玲 刘新举 谢慧琳

杨 龙 苏华锋 吴桂平 曹 丽

出品人 河北省共同行动助学基金会

Preface自序

这个夏令营不一样

共同行动2017年全封闭外教夏令营由河北省共同行动助学基金会主办，于2017年7月9日—2017年8月20日，在共同行动爱心基地石家庄铁路职业中等专业学校成功举办，活动共分6期，每期1周，共42天。学生们通过此次夏令营，不但提高了学习英语的兴趣，还增长了见识，开阔了视野，增强了自信心，拥有了一个不一样的暑期。

作为一场大型公益活动，此次的英语夏令营活动拥有很多的“不一样”：

一是活动对象不一样，参加本次活动的学生全部是共同行动资助的贫困中学生，他们来自河北省各个县区和内蒙古，家境贫寒，其中很多学生都是第一次走出县城，第一次来到省会，第一次接触外教，第一次参加传说中的夏令营，第一次走进博物馆，第一次参观科技馆……可以说，这次活动让他们第一次看到了一个不一样的世界。

二是课堂内容不一样，本次夏令营的全部课程是根据参加活动的学生的特点而专门定制的。课程内容丰富多彩，不仅有生动活泼的英语课堂教学，还有排球、瑜伽、拳击、健美操、太极拳、棒球等各种晨体训练及参观等课外活动，使孩子们边学边玩，在玩中开阔视野，增长见识。

三是老师不一样，参加本次活动的11位外籍老师全部由共同行动助学基金会通过教育权威机构STS教育基金会从美国公开招募而来，他们极富教学经验，并持有TEFL（英语非母语的教学）资格证或CELTA证书，对教学与教育有极大的兴趣和热情，他们可以把任何地点作为课堂，和同学们围坐在一起，讲孩子们感兴趣的话题。除了外教不一样，负责素质教育课的老师也十分不一样，他们都是共同行动的志愿者，来自不同岗位，以其专业、职业的不同优势，带孩子们走进不同领域，了解不同领域的知识。

四是活动组织者不一样，本次活动从策划、组织到具体的落实、实施几乎全部由共同行动的志愿者来完成，他们来自不同职业，在本次活动中承担不同任务，发挥不同的作用，但同时都为这场活动付出了很多努力和心血。更值得一提的是，在这些志愿者中，有一些志愿者也曾是共同行动资助的学生，他们经过努力现已成为一名大学生，为了回报社会，他们又回到共同行动，成为一名志愿者，用行动传递爱心。

总之，共同行动2017年全封闭外教夏令营是一个不一样的夏令营，近1000名贫困学生在这场活动中感受到中外文化的差异，提高了英语技能，开阔了视野，增长了自信。这个夏天这个夏令营让他们从此变得不一样，而这个夏令营也因他们而变得不一样。

Contents 目录

社会各界对孩子们的关爱

采访对象：
河北省共同行动基金会理事长　魏星

1.基金会是如何想到要举办此次夏令营的？

我们基金会一直倡导物质帮扶、精神慰藉相结合的帮扶战略，事实上我们也一直在这样做。尤其精神慰藉方面，我们一直在探索，希望能举办更多更好的爱心活动，以开阔孩子们的视野，增长他们的自信。

一次偶然的机会，我们得知有位美国籍爱心人士想了解国内农村学生的生活现状，并希望邀请孩子们到国外感受美国文化。一开始我们觉得这个想法很不错，为此，我2016年4月专门去了一趟美国，为孩子们打前站。但是经过考察，我发现带孩子们去美国这种活动形式在操作上存在一些问题，不仅存在签证难、时间紧、费用高、受惠人群范围小等问题，而且安全保障上也存在诸多问题。后来，我突然受人们在野生动物园看老虎的方式变化（以前老虎在笼子里，人在外面看；现在人可以在车里，老虎在外面）的启迪，我提出我们可以邀请美国外教到中国来，这样，将不再存在签证难、时间紧、生活不适应等方面的问题，而且在费用没有大幅增加的情况下，还可以使更多学生受益，在课程的安排上，除英语教学外，还可以利用国内良好的志愿者资源为孩子们安排丰富多彩的素质教育课。如此一来，不仅达到了帮助孩子们提高学习英语的兴趣、增长见识、提高自信等方面的目的，而且安全性和活动的可操作性更强了。因此我们决定举办此次外教夏令营。

2.您认为经过此次夏令营，孩子们有了什么样的变化？

很多农村孩子对学习外语没有自信，尤其是对于学习英语口语。很多孩子一提到和外教面对面交流，就觉得不可思议。但通过此次夏令营，孩子们最终发现原来和老外交流没有想象中那么难。在这些外教不会任何汉语的情况下，他们居然可以交流，而且还产生了深厚的感情，这让孩子们感受到了突破自我的喜悦，也让他们变得更加自信。而这种自信不仅仅体现在学习上，也逐渐蔓延到他们生活中的各个方面。在去年的中秋节联欢会上，老师们发现联欢会中的“活跃分子”都是参加过夏令营的同学，这让我们看到了孩子们的改变，也更加坚定了我们继续坚持物质帮扶、精神慰藉相结合的信心。

3.为组织此次活动，基金会都做了哪些准备？

从有做这个活动的想法，到活动真正落地，基金会工作人员和很多志愿者都为此做了大量的准备，比如，联系海外机构招募外教；根据孩子们的特点设置课程；在志愿者中，为学生寻找专业的棒球、篮球、花样跳绳、拳击、瑜伽等各种教练；为学生们策划各种素质教育课；联系活动营地等。夏令营的每一个活动都是经过基金会工作人员和志愿者们精心策划和准备的。

4.在准备和组织这次活动的过程中，基金会都遇到了哪些困难？是如何克服的？

在活动的准备和组织过程中，我们确实遇到了很多问题，比如：如何与外教对接，如何安排活动场地，如何保障孩子们的安全，如何避免孩子们中暑等问题，但最主要的是人手不足的问题。基金会从来没有组织过如此大型的活动，经验欠缺，工作人员又有限，而其他正常工作不能中断，在这种情况下，基金会号召了一大批志愿者来策划、组织本次活动。这些志愿者一做就是42天，他们牺牲了个人时间，完全不求回报地投入这场活动的组织中，事无巨细，为孩子们做好各项安排。因为有了他们的真诚付出，各项困难迎刃而解，换来了这场活动的顺利举办。

5.在整个夏令营过程中，最令您感动和难忘的瞬间是什么？

在夏令营期间，发生了很多让我感动的故事，其中有一件事最令我印象深刻，在第三期夏令营活动中，我们精心为孩子们安排了一场素质教育课，请来爱心企业步步高糕点有限公司的师傅为大家现场演示做生日蛋糕的工艺流程。在师傅演示完之后，我们当场宣布，今天是外教的生日，外教惊喜得说不出话来，随后，我们又宣布同样在本周过生日的还有几位受帮扶学生，孩子们听到此消息后，开始尖叫欢呼，大家一起唱起生日歌。暖暖的烛光中，外教和孩子们热泪盈眶。其中，一位孩子激动地哭了起来，他说他长这么大，从没见过这么好看的生日蛋糕，从未过过一次生日，这个生日会让他终生难忘。看到孩子们惊喜的眼神、激动的泪水，我心想，孩子们的内心如此缺少关爱，我们今后应该给他们更多的爱。

6.以后共同行动基金会是否还会举办此类活动？为什么？

共同行动基金会一直秉持物质帮扶、精神慰藉相结合的帮扶战略，因此，只要孩子们需要，愿意参加，我们就会克服一切困难为孩子们创造条件。

共同行动外教夏令营礼赞

河北省邢台市新河县委书记　李群江

一善之功不为难，难于坚持十数年。共同行动自2007年成立以来，大力弘扬扶危济困、助人为乐的中华民族传统美德，播撒爱的种子，传播爱的精神，用爱心谱写了开元人的一曲曲奉献之歌。十数年间，共同行动帮助了17000多名贫寒学子，让2017年河北省高考理科状元窦艺等众多优秀学子圆了大学梦。特别是这次外教夏令营，共同行动聘请优秀外教，提供纯正英语大餐，让孩子们了解到多元文化，思想不再局限于方寸之中，对外面的世界有了全新的认知和期待，让每个孩子都有了出彩的机会。夏令营期间，我也曾看望过同学们，在与他们的交谈中，我切身感受到，他们在这次活动中收获了快乐和友谊，汲取了知识，学会了独立和自强，本次外教夏令营必将成为共同行动帮扶贫困中学生的路上新的里程碑。

种下一棵树，收获一片绿。我真诚地祝愿共同行动的明天"映日荷花别样红"！

2017年9月19日

方向比距离重要

——从生涯规划谈起

石家庄市长安区教育局副局长　高岚　志愿者编号　0010023

2017年暑期，作为国家级生涯规划师的我，没有和共同行动夏令营的学生谈课程、教材、教法，而是和他们分享了“有规划的人生更精彩”的话题。

从一个小故事切入，我询问学生们有没有接触过生涯规划。95%以上的学生对生涯规划这个话题非常陌生。与城市里的学生被父母、被社会过分规划相比，我感觉到这里的学生和他们的差距。事实上，受帮扶学生更需要生涯规划来改变他们的学习、生活状况。

我从生涯规划对学生成长的重要作用讲起，讲到哈佛大学长达25年的“人生目标对人的影响”的跟踪调查，使学生们认识到，有没有生涯规划，人生的结果是截然不同的；使他们在学习的过程中进一步明白，如果把一个人的生涯比作一次旅行，那么出发之前最好先设定好旅游路线，这样，既不会错过梦想已久的地方，也不会千辛万苦却到了自己并不喜欢的景点。

在交流中，孩子们提出：“以前人们没有生涯规划也能找到满意的职业。生涯规划是否是必需的？”我告诉学生：“没有生涯规划，也许能找到理想的职业，但在时间和精力等方面，绝不是最经济的。人生短暂，做一做生涯规划，可以避免走弯路，何乐不为？！”

在讲课过程中，我对什么是生涯规划给帮扶学生做了解释：“生涯规划是以既有的成就为基础，准确评价个人的特点和强项，通过测评个人的目标和现状的差距，准确定位个人的职业方向，认识个人的价值并使其增值。每个人的生涯，都要经过成长阶段、探索阶段、确定阶段、维持阶段、下降阶段。每个阶段都不可逾越，从出生到18岁是成长阶段，对人至关重要！国外很多学生的生涯规划教育是从幼儿园开始的，而国内孩子大多是在职场上遇到了挫折才对自己的生涯产生了疑问，这个时候才去做生涯规划。”我使帮扶学生明白了生涯规划要提前做好。

随着课程的深入，学生们越发想知道如何才能做好生涯规划。我逐步引导他们明确了做好生涯规划的简单步骤——首先明确自己是什么样的人，自己想要什么，然后搞清楚自己能做什么，了解什么是最适合自己的，最终才能做出正确的选择。

在讲课过程中，我不断和学生们交流、互动。看到受帮扶学生对未来的憧憬、渴望，看到他们小小的心灵中播下了一颗生涯规划的种子，打开了一扇通向未来的窗，我感到无比欣慰。我知道，这一群在共同行动大家庭中成长的孩子，多么渴望被关注、被爱，多么渴望改变命运。我看到，受帮扶学生被我的话题深深地吸引了，懂得了一个没有生涯规划的人会像在大海中漂泊的小船一样随波逐流，最终会一事无成；真正明白了，有规划的人生是蓝图，没有规划的人生是拼图。

课后，很多受帮扶学生撰写了体会。当范老师把这些体会发给我时，我看到了在生涯规划课程之后受帮扶学生的变化。老师的职责是传道、授业、解惑，解惑重于传道、授业。教师的责任是教书育人，育人的使命远远重于教书。传道、授业、教书解决的是一时的问题，解惑、育人关系到学生的终身。因此，方向比距离重要，通过明确方向，能够大大缩短受帮扶学生与城市孩子的距离，能够让他们在最短的时间内和城市孩子一起喝咖啡。

这一次生涯规划课程使我更明确认识到生涯规划对受帮扶学

生的重要性，甚至远比我们教给他们的知识更加重要，也激励我在这条道理上继续前行，为更多的受帮扶学生服务，让他们的人生更精彩。

采访对象：
共同行动志愿者
——石家庄电视台著名主持人　宋宁

1.您是如何了解到共同行动的？

我之前在媒体上也看到过共同行动，后来范文燕老师比较详细地介绍了共同行动。

2.您又是如何参加到此次活动中来的？

2017年，一个偶然的机会，我和范文燕老师重逢。当时她跟我交流，希望我能够参与共同行动，之前我也了解到这是一个公益组织，目的就是帮助家境贫困的孩子健康成长，为他们提供一个实现梦想的机会，我当时一听，觉得很好，就毫不犹豫地答应了。

3.您在此次活动中主要做了哪些工作？

我在这次活动中主要是为孩子们讲解一些主持方面的知识。这个班级的孩子都非常喜欢播音主持，对于舞台有着向往和执着，然而因为家庭的特殊性，他们难免有不同于常人的脆弱的一面，比较自卑、敏感。所以，我在这次的活动中除了给孩子们讲解播音主持的专业知识外，还会在适当的时候做一些心理疏导，让他们更有信心！坚定地走向他们的梦想！

4.您认为此次志愿工作与您之前的主持工作有什么不一样？

我觉得最重要的是心态！我感觉比工作时多了一份细腻，更加舒心。因为这些孩子们的心灵很脆弱，需要我们适当引导，所以在讲课的同时我还会多观察他们的情况并适当更改教学方法和计划。而舒心则来自他们纯净的眼神和对我的信任、依赖以及对知识的渴望。有些东西，真的是城市里的孩子所欠缺的。

5.通过本次夏令营，您对这些受帮扶的学生有了哪些了解？

这些孩子的家庭大多很贫困，甚至有些孩子的家庭还不完整或充斥着不和谐，这让我觉得这些孩子需要帮扶的不只是身体和生活，更重要的是心灵！但是他们都很纯净，他们并没有因为生活的困难而抱怨社会，仇视生活，而是很积极，很乐观，虽然有时不够自信，但是他们足够阳光！

6.在整个夏令营过程中，最令您感动和难忘的瞬间是什么？

不能说是瞬间，只能说两件事连起来让我非常感动！我来的第一天，孩子们一开始还很害羞，声音很大但明显底气不足，用非常浓厚的家乡话说："老师好！"然后睁大眼睛看着我认真听课。还有，就是我最后一次给他们上课，也是最后一堂课，孩子们一开始疯狂地和我合影，然后又深深地向我鞠躬，用标准的普通话说了句："老师辛苦，老师再见！"当时我的眼泪就不自主地流下来了。

7.在您看来此次活动举办得是否成功？意义何在？

我觉得非常成功！共同行动不仅仅让孩子们学到了知识，离梦想又近一步，而且让他们在人生旅途上认识了影响他们一生的人，使他们学会感恩，懂得去爱、接受爱！让他们在未来的路上充满正能量！

8.如果将来还有类似的公益活动，您是否还愿意参加？

非常愿意！如果能够贡献自己的力量，这样的公益活动我一定会义不容辞地参加！

采访对象：
夏令营期间负责学生们一日三餐的厨师　李玲玲

1.您从事厨师工作多少年了？

我在食堂工作已经有8年了。

2.您认为夏令营期间的工作与您之前的工作有什么不一样？

这次工作与我之前在医院食堂的工作最大的不一样是我们得到了更多的尊重。这些孩子很有礼貌，也很懂事，他们每次打饭时都会主动跟我们说谢谢，每次吃完饭还会主动打扫卫生，这是我工作这么多年都不曾遇到过的。

3.您对学生的一日三餐有什么特殊安排？

这些孩子都来自农村，家庭条件不太好，所以我们想尽力让孩子们在活动期间吃好、吃饱，保证食物的卫生、营养搭配，另外，为了调动孩子们的胃口，我们还在菜单上做了精心安排，在营养搭配均衡的情况下，使每天的饭菜不重样，让孩子们爱吃。

4.从夏令营开始到夏令营结束，您认为孩子们是否发生了变化？具体发生了哪些变化？

从夏令营开始到结束，孩子们发生了很大的变化，他们刚来的时候看起来很羞涩，懵懵懂懂，但是经过几天，我们明显感受到孩子们越来越懂事，越来越开朗，而且很懂得感恩，他们吃完饭会主动走过来向我们表示感谢，会在留言簿上给我们留言，还有很多学生主动添加了我的微信和QQ，我们至今还保持着联系。

5.在整个夏令营期间，最令您感动和难忘的瞬间是什么？

最令我感动的有两件事，一是孩子们很勤快，每次吃完饭都会主动收拾桌子，打扫卫生，200人的食堂饭后几乎还是原样，这大大减轻了我们的工作量；二是大家一起包饺子，老师、学生、外教还有我们食堂工作人员，大家在一起就像一家人一样，感觉很亲切。

6.学生们给您写了许多留言，最令您难忘的是哪句？

孩子们在留言簿上写了很多话，都很让我感动，尤其是一位学生写道："食堂阿姨每天为我们做饭，起早贪黑，非常辛苦，所以我们都不想剩饭，否则对不起阿姨付出的辛苦！"看到这句话后，我们十分感动，他们能看到我们的辛苦，理解我们的辛苦，太懂事了！

2017年共同行动外教夏令营第一期于2017年7月9日—2017年7月16日举办，有来自邱县一中帮扶点、索堡中学帮扶点、临城东镇帮扶点、涉县西达帮扶点、磁县一中帮扶点、临西实验中学帮扶点的211名受帮扶学生参加。

不一样的日程

2017 全外教夏令营流程表 （7天/期）

时间			内容	责任人	地点
第一天（周日）	上午	8:00 前	物料（桌牌、指示牌、条幅、营旗、胸卡、胸徽、签到表、笔、营服、入营须知、课程表、计算机和打印机各1台、A4纸、电水壶1个、接线板2个、教材、考试卷、答题卡、草稿纸、茶歇室物品及大小瓶装水等）运抵	齐宇	地下室/茶歇室
		8:30 前	秘书处人员、志愿者（含学生志愿者）到岗	苏华锋/吴桂萍	地下室
			备10 张桌子、15 把椅子。 其中"签到处"7 套桌椅、"营服和资料领取处" 2 套桌椅，其余桌椅机动使用	杨校长	
		9:00—9:30	1."签到处"、"营服和资料领取处"、校内外负责引领的人员就位。 2.备好报到所用物品	苏华锋/吴桂萍	
		10:00—11:30	**报到：1. 签到（核对资料） 2. 领取营服、资料 3. 寝室内务管理**		地下室/寝室
	中午	12:00—12:30	午餐，以学校为单位就餐。	带队老师	餐厅
		12:30—14:00	午休、洗浴（中午洗浴时间为12:30—13:30，以寝室为单位，仅限女生）	寝室长	寝室、浴室
		13:00—13:30	监考老师和学生志愿者会	苏华锋/吴桂萍	茶歇室
	下午	**14:00—15:30**	分班考试（监考老师：带队老师、秘书处人员、学生志愿者）	监考老师	教室
		16:00—17:30	1.入营培训及其他（理事长、范文燕） 2.阅卷（6位志愿者），分班（郭老师/谢老师）	范文燕/吴桂萍	5楼会议室/茶歇室
	晚上	18:00—18:30	晚餐，以学校为单位就餐	带队老师	餐厅
		18:30—18:50	以学校为单位集合、排队入场。空出第一排给外教、带队老师和工作人员	带队老师	5楼会议室
		19:00—21:00	**开营：1. 主持人致开场词 2. 授旗 3. 宣读誓词 4. 理事长致辞 5. 外教自我介绍**	范文燕/苏华锋	5楼会议室
		21:00—22:00	洗浴、内务整理(男生洗浴：20:40—21:10，女生洗浴：21:15—21:50)	各楼层负责老师	寝室、浴室

第二天至第六天（周一至周五）	早上	6:00—6:30	起床、洗漱、整理内务	寝室长	寝室、洗漱室
		6:30—7:30	**文体空间**	朱永辉	操场、瑜伽室
		7:30—8:00	换装、打扫卫生	寝室长	寝 室
		8:00—8:20	早餐，以学校为单位就餐	带队老师	餐 厅
	上午	**8:30—12:00**	**外教课（第一节8:30—9:15、第二节9:25—10:10、第三节10:20—11:05、第四节11:15—12:00）**	外教	各班教室
	中午	12:00—12:30	午餐，以学校为单位就餐	带队老师	餐 厅
		12:30—14:00	午休、洗浴（中午洗浴时间为12:30—13:30，以寝室为单位洗浴 ，仅限女生）	寝室长	寝室、浴室
	下午	**14:00—17:30**	**外教课（第五节14:00—14:45、第六节14:55—15:40、第七节15:50—16:35、第八节16:45—17:30）**	外教	各班教室
		17:30—18:00	自由活动	任课老师	教室/5楼会议室
	晚上	18:00—18:30	晚餐，以学校为单位就餐	带队老师	餐 厅
		18:30—19:00	打扫公共卫生区	带队老师	各公共卫生区
		19:00—20:40	素质教育课（第一节19:00—19:45、第二节19:55—20:40）	外教	各班教室
		20:40—22:00	洗浴、内务整理、交流学习心得 （男生洗浴：20:40—21:10，女生洗浴：21:15—21:50 ）	各楼层负责老师	寝室、浴池

第七天（周六）	早上	7:00	起床、洗漱、整理内务	寝室长	寝室、洗漱室
		7:30	早餐，以学校为单位就餐	带队老师	餐 厅
		8:30—9:15	按学校分班，带队老师安排学生写第二篇心得	带队老师	教室/5楼会议室
	上午	**9:25—10:10**	**带队老师与学生分享夏令营感受**	带队老师	教室/5楼会议室
		10:10—12:00	**学生回寝室整理内务，做闭营联欢及离营准备**	带队老师	寝室/5楼会议室
	中午	12:00—12:30	午餐，以学校为单位就餐	带队老师	餐 厅
		12:30—14:30	午休、洗浴（中午洗浴时间为12:30—14:10，以寝室为单位洗浴，仅限女生）	寝室长	寝室、浴室
	下午	**14:30—16:30**	**观看影片**	苏华锋	5楼会议室
		16:40—18:00	**分4个班上课，观看蛋糕裱花并为营期内过生日的同学庆祝生日，全体师生分享生日蛋糕**	苏华锋/带队老师	教室/5楼会议室
	晚上	18:00—18:30	晚餐，以学校为单位就餐	带队老师	餐 厅
		19:00—21:00	**闭营： 1. 全体合影 2. 主持人致辞 3. 营员代表发言 4. 联欢会**	苏华锋/齐宇	操场/5楼会议室
		21:00—22:00	洗浴、收拾行李、整理内务（男生洗浴：20:40—21:10，女生洗浴：21:15—21:50 ）	各楼层负责老师	寝室、浴室
周日	早上	6:00	起床、洗漱、整理内务	寝室长	寝室、洗漱室
		6:30	早餐，以学校为单位就餐	带队老师	餐 厅
		7:00—7:30	离营大扫除	带队老师	各卫生区
		7:40—8:30	**1. 7:40—8:00 以学校为单位办理退营手续 2. 8:30 前在校门口外乘车离营**	带队老师	校门口
说明：1. 协调组织：范文燕老师（18903395010），苏华锋老师（18612443610）； 2. 如遇极端天气，文体空间等可根据实际情况做调整					

Weekly Schedule

Time \ Day	Monday	Tuesday	Wednesday	Thursday	Friday	Saturday	Sunday
6:30-7:00	Washing and Finishing（洗漱整理）						
7:00-8:00	Morning Training（晨体育）						Tidy up（收拾整理）
8:00-8:30	Clean up and Change clothes（清理，更换衣物）						
8:30-9:00	Breakfast（早餐）						Students left campus（离校）
9:00-9:45	Course 1	Course 1	Course 1	Course 1	Course 1	Course 1	Prepare（进校）
10:00-10:45	Course 2	Course 2	Course 2	Course 2	Course 2	Course 2	Students registration（入营）
11:00-11:45	Course 3	Course 3	Course 3	Course 3	Course 3	Course 3	
12:00-12:30	Lunch（午餐）						
12:30-14:00	Noontime rest（午休）						
14:00-14:45	Course 4	Course 4	Course 4	Course 4	Course 4	Special Programs	Placement Test（分班考试）
15:00-15:45	Course 5	Course 5	Course 5	Course 5	Course 5		Campus rules（营地须知，守则）
16:00-17:45	Special Programs	Special Programs	Special Programs	Special Programs	Special Programs		
18:00-18:30	Dinner（晚餐）						
19:00-19:45	Course 6	Course 6	Course 6	Course 6	Course 6	Farewell party（闭营仪式）	Opening Ceremony（开营仪式）
20:00-20:45	Course 7	Course 7	Course 7	Course 7	Course 7		
21:00-22:30	Shower and Free activities（洗澡，自由活动）						
22:30-6:30	Sleep（睡觉）						

开营仪式

很高兴，也很幸运可以参加这次由共同行动举办的夏令营，从来到这里那天算起，这是第四天了，一周的时间已经过去一半了，我收获了许多，也有许多话要说，现在让我来和大家分享。

第一天，见到其他来参加夏令营的同学，分到了新的宿舍。在晚上的开营仪式上见到我们的外教和一直帮助我们的魏星先生，也知道了共同行动的志愿者和爱心人士一直在我们的背后默默付出，让我们用最好的物品，让我们用的东西不比别人的差，让我们变得更加自信，让我们有尊严地抬起头来。

第二天，我们起床，到操场集合，跑操，打羽毛球，吃过早饭后，我们走进了教室，见到我们的外教，我们的外教非常有趣，经常做一些搞笑的动作，逗得我们大笑，还会带领我们做游戏。每一天都过得很快，晚上我们上了入营以来的第一堂素质教育课，老师讲了很多，也让我认识到自己也有很多不足，需要努力，变成一个更好的自己。

第三天，早上跑操之后，夏令营为我们准备了三个特色课程，非常有趣。晚上，共同行动邀请了张老师为我们讲课，张老师通过足球教给我们许多可以终身受益的道理。

第四天，早上有新的特色课程。外教带我们看电影。我们也

晨练一瞥

学会了许多新的知识，更加期待以后的安排。

短短四天我学会了很多，也知道了共同行动在我们的背后默默付出了那么多。这次的夏令营，让我的视野变得开阔，让我变得更加自信。

谢谢共同行动为我们所做的一切。

饶阳中学　0160433　李嘉宁

7月23号上午10点，我们成功抵达目的地，迎来夏令营的第一天。在这里我拥有了许多的“第一次”，比如第一次参加夏令营，第一次和那么多共同行动的志愿者和被帮扶的学生欢聚一堂，第一次与外国人面对面交流，第一次体验全英语课堂，等等。

我很开心，也很庆幸我当初十分坚决地报了这个夏令营，在这里我拥有了许多感想与体会。

从6：30到8：15是我们做早操以及自由活动的时间。第一天，我和我的小伙伴打羽毛球，这使我们非常开心。第二天我们有三个选择——健美操、搏击和航天模型展示，本来我是想学搏击的，但是听说有航天模型，我整个人都沸腾了！在老师让我们进行选择时，我毫不犹豫地选择了航天模型展示。我们看了展示，然后在教练的引导下，我又玩了电脑操作，我感觉特别的开心。那是在电脑上模拟一种场景，我学会了操作。和那些教练聊天，我才发现他们原来是河北科技大学的学生，才大一，其中有一个小哥哥高考时考了550多分。

航模课

第三天早上也就是今天——7月26号，我们有两个项目，一个是剑术，另一个是花样跳绳，我先去学了一会儿剑术，又去看了看花样跳绳，最后和朋友一起打羽毛球，因为他是个男生，特别高，所以每次我都要蹦着接。

馆陶一中　0360345　贾晴晴

入营第一天，我满怀激动来到这里，对这里的一切都感到好奇。这一天来这里的并不只有我们一个学校的人，还有其他学校的，我们会被分散开，认识新的人。我有点害怕，全部都是我不认识的人，他们好相处吗？这些不是我最担心的。这次夏令营是全外教夏令营。这些来自远方的客人不会说一句中文，我可以听懂他们的课吗？

哎！再担心也没有什么用，反正都已经来了，就顺其自然吧！我到宿舍时已经有一位舍友到了，她很友好，介绍了她自己，并送给我几块糖，她让我一下子放松了下来。我本来就是一个性格特别开朗的人，随着舍友们的到来，我发现我们虽然性格各不相同，但都非常好相处，晚上我们一起聊天儿，聊一些看过的电视剧。

这里的天气格外炎热，不过有了她们的陪伴，我相信时间一定会过得特别快。早上了，新的一天开始，一切都变得不一样起来，不再那么单调，我们可以选择自己喜欢的。我打了一早上羽毛球，汗沾湿了T恤，但我并不觉得有什么，此时此刻我感到的只有快乐。这天外教来了，她的到来使我感到特别兴奋，她是一个美貌与智慧并存的人，我们听不懂她讲的是什么的时候，她会给我们以独特的形式展现出来，让我们感到不那么困难。晚上老师给我们上了素质教育课，使我的内心有了翻天覆地的变化，我认为这次夏令营结束后，我一定会成长许多。

第二次晨练，来了两个教练，一个教健美操，一个教搏击，我学会了健美操，整个人美美的！下午外教教了我们两首英文歌和舞蹈。

今天是我们到夏令营的第三天，中午我们去参观了河北博物

搏击训练

拳击

健美操

院（原河北省博物馆），看了许多文物，这些文物都特别漂亮，还有原始人住过的房子，用过的东西，他们的遗骨，这些都收入了我的记忆宝库。下午我们并没有上课，而是看了一个电影，电影中的大白让我特别感动，我也想有一个大白，我要变成和大白一样帮助别人的人，这三天我觉得意义非凡。

赞皇中学　0150366　马紫

2017.7.19

昨天我们一起包饺子，尽管饺子奇形怪状，有的鼓鼓的，有的扁扁的，有的好像趴着起不来。但是，这却是我吃过最有滋味的饺子，因为我知道，每一个饺子都包含同学们的爱，那都是同学们努力的成果。

在这里，身为志愿者的哥哥姐姐们对我们无微不至，他们每一次鼓励或宽慰的笑容我都记在心里，难以忘却。没有他们，我的夏令营生活不可能如此惬意。哥哥姐姐们，谢谢你们！志愿者老师们也为我们精心安排每一次活动，老师们，你们辛苦了！

在这里，早晨的文体活动让我愉快，我学习了跆拳道，我发现原来我们的生活还可以如此丰富多彩，感谢共同行动给了我这么多难忘的东西。

深州一中　0110322　路啸宇

2017.7.22

河北博物院门前合影

第一次一起包饺子，越来越有家的感觉

夏令营开始三天了，一开始我觉得老师们都很严厉，他们严格要求我们，要求我们保持安静，吃饭不许剩，我觉得十分不自在。但是现在我的想法改变了——保持安静不玩手机是对别人最起码的尊重，不剩饭更是我们每个人应该甚至必须做到的，有一段时间中国倡导“光盘行动”，而我们也为此收集了很多资料，“光盘”是我们应该做的。

我应该感谢共同行动给我这样一个机会，让我可以近距离接触外国人，了解他们的生活，和他们交流。对于大多数高中生来说，出国留学不是一件容易的事，即使旅游时遇见外国人也很难和他们交流，现在我有机会听全英文授课，以前我根本无法想象我可以在完全没有汉语的课堂上学习英语。现在，我觉得这是一件简单的事情，绝大多数时候都可以理解外教说的话，我了解到中国老师说的英语并不都常用。我们的外教很开放，他们性格开朗，他们是我们的老师，更是我们的朋友。

我在这里也收获了友谊，学校里以前不认识的同学也熟络起来。今天的博物馆之旅我也很开心，我看到很多古代玉佩、铜器，都很令人惊叹。我感受到中国的魅力，我有些庆幸我生在中国。中国有几千年的历史，有安定的环境，是一个大方、友善又有实力的国家，它积极与国外合作，近来又推动“一带一路”，带动周边各国发展，为很多国家修建发电站、水利工程，我们的国家正以欣欣向荣的姿态走向世界。

这次真是不虚此行，我不知道我离开这里后是否还会有在夏令营时的这种悸动，但我会把这些记忆好好珍藏。那些黄黄绿绿的衣服，将是我生命中最鲜艳、敏感又令人感动的回忆。

深州中学　刘珊珊

2017.7.19

今天我来这里已经三天了，这三天我每天都过得很充实，每天都有收获。第一天晚上，在开营仪式上，我见到我们的外教，真的好期待第二天上课。他们应该是最辛苦的，千里迢迢来到中国，在这么热的天气里给我们上课。在接下来几天里，早上有篮球教练、搏击教练、舞蹈教练教我们，外教教我们唱英文歌、跳舞，著名设计师来为我们讲课，志愿者还带我们参观博物馆。感谢共同行动，感谢爱心人士们，我一定会珍惜这次机会，好好学习，得到最大的收获。

赞皇中学　0150360　张泽昆

2017.7.19

今天是我在夏令营的最后一天，时光飞逝，回想刚来的那一天，茫然、害羞，而现在已经不像以前那样。第一次见到我的舍友，我感到很高兴，因为根据初中、高中的经验，我们会成为非常好的朋友。第一次观察这个新学校，我感到非常的开心。

排队进入博物馆

第一节课，我感到非常好奇。这些外教不会说汉语，用英语说话，害怕我们听不懂他们说的英语，一遍又一遍地解释，而且会用糖来激励我们学英语，这是我们以前没有经历过的。第一天下午，我们开始做游戏，我们因这样的宽松气氛而感到高兴。

回想在学校的这几天我感到非常的充实，在这里我交到了新的朋友，我发现了英语的乐趣。我对外教心生敬佩，他们教我们知识，还陪我们做游戏，他们会跪下来教我们英语，改正我们的错误。

在这次夏令营中，我学到了很多。操场上留下了我们运动时洒下的汗水，教室里回荡着我们的笑声，食堂里有诱人的菜香，这些都会成为我们的美好回忆。在教室中的告别，老师依依不舍的眼神，我永不会忘记，我相信我们会有再见的一天。

任县中学　0810006　李涛正

蓦然回首，过往的日子已在向我挥手，七天夏令营即将结束。

有人说，爱心是冬日里的一缕阳光，使饥寒交迫的人感到温暖；有人说，爱心是夏日里的一片绿荫，使汗流浃背的人感到阵阵清凉；有人说，爱心是雨天里的一把雨伞，使“落汤鸡”心里倍感温馨。而共同行动贡献的爱则让我们深受感动。共同行动，让我们有缘聚在一起；共同行动，让我们不输在起跑线上；共同行动，让我们更有信心。接下来，让我们回忆一下：

早上的运动

“同学们，接下来我们自由活动，对跆拳道感兴趣的同学可以到操场对面集合一下。”伴随体育老师的声音，我们十几个女生（没有男生）去东面整好了队形，然后石家庄著名的跆拳道教练就先教我们姿势以及格斗时的要领。在教学过程中，女生与教练互相开玩笑。多么开心！

棒球训练

课上的朗朗笑声

都说老外是有趣的，的确，他们非常有趣，他们也非常敬业，总是问我们理解吗，还时刻担心我们热不热，虽然他们已汗流浃背，但他们还是珍惜每一分每一秒来给我们讲课，还时不时跟我们开玩笑。我们真的很爱他们，他们也总是想方设法逗我们笑。多么有趣！

时间稍纵即逝，我们将要离开这个夏令营，将要跟我们的大家庭说再见，将要跟志愿者们以及工作人员说再见，心里总是有点舍不得。不说再见，只因我们把彼此记在心间；不说再见，只因我们曾经相伴；不说再见，只因我们是一个大家庭。再见啦！难忘的夏令营！

磁县一中　0750117　霍紫怡

今天已经29号了，明天我们就要走了。

昨天，很开心能够和步步高的爱心人士见面。他们做的月饼很好吃，有爱的味道，有希望我们这些受帮扶生成绩、品德越来越好的味道。吃着这样的月饼，这个中秋节我很开心。

再次郑重地感谢爱心人士和帮扶点的志愿者们给了我这次参加夏令营的机会。

就要离开了，有点儿舍不得，舍不得婷婷姐，虽然她骂过我们，但是我们知道她是为我们好。舍不得亮亮哥，虽然没和他说过话。舍不得家人们。纵有万般的不舍，终要离开，不过没关系，我们是一家人，一家人的心总是连在一起的。

魏僧寨中学　0340324　马雯雯

爱心企业步步高的糕点师傅现场给大家演示做蛋糕

今天看了一部舞台剧——《侗》，是由张继刚导演执导的。

张导是2008年奥运会导演，所以我们不难猜到《侗》票价一定不菲，但范老师说，售票方只要我们付演员出场费就行了，其他的就当献爱心了。范老师对此十分满意，她并没有继续杀价，而是十分尊重售票方，说："这是对人家劳动的回报，对人家劳动的尊重。"

舞台上，灯火绚丽，色彩缤纷，让人不由得想到了春晚。剧中，演员们柔美的身材、精湛的技艺与壮观的灯光交相辉映，形成了一幅和谐典雅的侗家大画卷。但在这幅优美的画卷后面，又藏着多少个心酸与艰辛的故事呢？那些演员大多才20岁，舞蹈演员身材要求严格，大多不超过24岁。多少20岁的大学生还在宿舍睡觉的时候，她们已经开始训练；多少20岁的青年下班后休息的时候，她们还在训练。她们柔美的身材与精湛的技艺并不是拜天所赐，而是因为坚持，因为热爱。因为她们对舞蹈热爱，所以纵使前路荆棘丛生，坎坷遍布，跌倒后她们也会擦拭脸上的血水，站起来继续奔跑。因为对舞蹈事业执着与坚持，所以她们纵使面临万丈深渊，也会执着追寻温暖的太阳。她们心中明白——没有坚持，会被辜负。

我在学习中也应该学习她们，咬定青山不放松，为了心中的理想，撸起袖子加油干。

磁县一中　0750017　梁杰

今天是来到夏令营的第三天，我依旧激动。夏令营是一个很好的“走向社会，跨向未来”的机会。我很幸运，抓住了这个机会，我了解到我从未接触过的新鲜事物，懂得了如何做自己。

也许有人会认为参与夏令营纯属浪费时间，还不如抓紧时间学习，他们错了。夏令营不仅让我们学到知识，更开阔了我们的视野，教给我们如何成长。它让我们了解到许多东西，让我们更好地立足于社会。

在这里我受到了很好的体育锻炼，因为从未接触过，所以特别陌生。但我并不觉得尴尬，无论学会与否，我都是开心的，因为我尝试了，我努力去做了。我每天早上早早地起床，来个晨跑，向教练学习体育项目，与同学们一起打羽毛球、乒乓球。

就连饭菜都让我有了不一样的体会，我平时吃饭很随意，少不了会买一些垃圾食品，甚至有时候会不吃饭，很不健康，而这里的饭菜健康美味。

同学、舍友都来自不同的县，方言不同，也许我们重复最多的一句话就是“你听懂我说的是什么吗”。有时候不是故意不讲普通话，只是因为方言更加淳朴，而且我们可以从同学那里学到不同地方的方言。有时我们也会用英语交流，而且常常搞得哈哈大笑，在教室自然时时用英语，特别有意思。

当然还有外教。他们真的很和蔼可亲，令人敬佩。他们非常耐心地教导我们，努力地带动我们学起来，精神起来。

最后，我想特别感谢共同行动的志愿者。共同行动为我们提供了一个学习交流的平台。志愿者们在活动开始前便忙前忙后。他们精心为我们提供帮助，为我们准备课程。令我感触最深的就是素质教育课，平时我们都清楚什么叫素质，也明白自己该如何去做，偏偏被一些利益冲昏了头脑，失去了底线。素质教育课教会我们重新审视自己的行为，因此我们也变得更加有礼貌了。在学校里我们到处可以看到穿蓝色衣服的志愿者，他们关心我们的

打乒乓球

生活，询问我们是否有困难，这并不是他们的义务，可他们用心这样做，我们要心存感激。

邱县一中　0020266　鲍娉菲

2017.7.11

历时七天的夏令营即将告一段落，感觉还没有怎么过，时间就所剩无几，真的有些不舍。

在这里我遇到了中级三班，我遇到了可爱的外教Barbara，我遇到了407宿舍……他们送给我好多“礼物”：快乐、感动、惊喜、幸运……

在这里我可以毫无拘束地在操场上奔跑，踢足球，打篮球；我可以看先进的无人机操作，了解无人机起飞原理；我可以和伙伴们打羽毛球，打乒乓球；可以学习体操，学习跆拳道；可以看大爷大妈们抖空竹；可以玩花式跳绳。

在这里，有地下室食堂，这可是我第一次见地下室食堂，这里的饭菜真的很好吃，每天的饭菜都不一样，而且几乎每次的菜里都有肉。这里盛饭的叔叔、哥哥、姐姐都很热情，真是太喜欢他们了。

在这里还有地下室超市，这里有好多零食，而且都不贵。

在这里我不仅学到了新知识，提升了我的口语能力，还大开眼界。志愿者还带着我们去看舞台剧《侗》，真是太棒了。在《侗》中，我仿佛闻到了小时候和奶奶一起生活时的味道——好

花式跳绳

甜，淳朴，自然……

这几天由于天气比较热，志愿者极力帮我们找凉快的房间，让我们在里面上课。其间我换过五个教室呢，其中我最喜欢那个形体教室，我们在垫子上坐着和Barbara一起玩游戏。在一次游戏中我获得了第一名，Barbara奖励了我两块她从美国带来的糖果，真是太好吃了。

这次的夏令营活动快要结束了，真的好想让它延长几天，真的不想离开，我要把它存到我的青春记忆中，一直陪伴我，不丢掉。

邱县一中　0020343　韩冰雨

转眼间，夏令营活动即将结束，我心里有太多的不舍，虽然只有七天，但大家都是在用心交流，即使大家来自不同的地区、不同的学校，但相聚在共同行动这个大家庭，就是家人。

在这里我学会了很多东西，夏令营中的安排每天都不同，我在早晨学习了健美操和跆拳道，这些都是我之前没有接触过的。还有篮球，虽然只学习了点皮毛，但还是十分开心。大家一起玩耍，一起上课，一起吃饭，每天都其乐融融。昨天下午，大家一起包了饺子，外教们之前一定都没包过，还有很多的人不会包，不过没关系，大家一起行动，不一会儿就包好了，总之很开心。听说，下午外教们就要去北京了，感觉这几天过得实在太快了，不管是在上课时间，还是活动时间。大家合完影，我就要离开了。虽然只有七天，但我们建立了深厚的友谊，我不会忘记你的，Emily，我觉得你十分可爱，十分美丽。

谢谢大家，你们教会了我太多。在这里我又认识了很多同学，他们对我十分关心，就一个感觉——亲近。

虽然宿舍很热，不过没关系，共同行动已经给了我太多，他们也在努力创造更舒适的环境，很感谢。早上醒来，我对一天充满了期待。早上我会早早从楼上下来，对于晨练充满好奇，我在想，今天会是谁来呢？我是不是又能学到点不一样的东西呢？

这里的饭菜十分可口，我们来了五六天都没有吃过重复的饭菜，秘书处一定费了很大心思吧，老师说不可以剩饭菜，每天我都把饭吃得十分干净，在家里有时还会剩一点呢，以后我会把饭菜都吃干净的。

每天的课程都不大相同，有时会学习画画，有时会看电影。外教教我们唱歌，教我们跳舞，和我们一起玩游戏，在这里上课十分开心，不会像在学校上课那么无聊，他们会吸引你所有的注意力，你不会瞌睡，更不会走神儿，你会全身心地投入学习中，感觉十分棒。他们还让我们演了童话，虽然不怎么样吧，但还是

热腾腾的饺子出炉了

十分开心。我们会换教室上课，换老师做游戏。哈哈，他们怎么那么可爱。听老师们说，他们会备教案到晚上10点多，他们的刻苦精神值得我们学习。

利用午休的时间我们去了趟博物馆，那里超级大，我第一次去博物馆，在那里我看到了很多东西，恐龙化石、原始森林、原始房屋、金缕玉衣、原始人遗骸、铜器、瓷器、箭、刀、枪，总之，看得我眼花缭乱，真是大开眼界啊。

晚上还有各种各样的活动，昨晚每个舍长介绍了他们宿舍的成员，志愿者哥哥姐姐们也都一一做了自我介绍，有的竟然比我还小，还有的正在上大学。对了，等我毕业了，有时间了，也要做志愿者。

赞皇中学　0150372　任梦帆

2017.7.22

日月如梭，光阴似箭，转眼间，七天的夏令营生活即将结束。

这次夏令营让我收获良多：作为宿舍的小家长；我认识了五位来自不同学校的兄弟们；作为班级的体委，我懂得了体育的魅力；作为外教的一名学生，我学习了知识，收获了欢乐；作为一名农民的儿子，我更加懂得了父亲的不易。因此，我要感谢共同行动的爱心人士，感谢你们给了我们这次机会，让我们的人生更加充实、有意义。

共同行动的爱心人士带我们参观了河北博物院，认识了一些从未见过的小动物（尽管只是标本），让我们对中国的历史有了更深入的了解，尽管最后没能参观完，但也让我们见识了大城市的独特魅力：它不仅仅有高楼大厦，更有丰富的文化底蕴；让我对未来能在大城市里生活充满了向往。

每天六点半到七点半都是我们增长见识的好机会，因为爱心人士为我们请来了教练，带来了新事物：航空航模领域的学长带来的飞机模型，拳击教练的拳击技巧，剑道方面的基础招式，花式跳绳带来的视觉震撼，足球、篮球的小技巧……同时还有精彩的讲座：张国升老师带来足球方面的讲座让每个人热血沸腾,燃起对足球的热爱，渴望为国争光；海归带来的精彩演讲，让我们对美国有了更加深入的了解，知道了美国与中国的一些不同。

我的外教叫Emily,她的课堂十分欢乐，也十分精彩。她能让我们融入课堂，尽管有时我们听不懂她说的句子，但她总会耐心地给我们讲解，从不发脾气，有的时候她还会让我们自己交流，当课堂气氛不好时，她会带我们进行一些小游戏，她也会用肢体语言进行讲解，她还教了我们英语歌曲。尽管和她相处的时间不算太长，但她给我们带来了欢乐，希望以后还有机会见到她。

这次活动丰富了我的人生，让我的人生更加精彩，让我们见识了很多，开阔了视野，对于未来更加向往，感谢共同行动给予我这次机会。

饶阳中学　0160413　王天赐

2017年7月23日，我们来到共同行动2017年全封闭外教夏令营，就是我写这篇文章的地方。我们开始了长达七天的夏令营。每天的时间安排都很紧，早上6：00起床到晚上10：00熄灯，我在这异常短暂的时间中飞速成长。也许因为珍惜，所以才觉得短暂；也许因为丰富，所以才会成长。6：30跑操之后会有特

第一次去参观博物院，大家显得很兴奋

学习篮球知识

殊的体育课程，昨天的散打和今天的日本剑术都让我收获颇丰。也许没有这次经历，我就不会了解这些，进而对它们着迷……8：30～11：00，2：00～5：30是外教时间，我很幸运遇见了她——古怪，善良，调皮，有无数优点的美国“老女孩”。她教会我很多知识以及自信、阳光等。7：00～8：45是晚上的“special program”。What is it？晚上的素质教育课真的让我更深刻了解了什么是修养。

一天匆匆忙忙……是什么促成了共同行动？我停下脚步，把目光落在每一个志愿者身上——同样的年龄，同样青春靓丽的容貌。是什么鼓励他们坚持自己的信仰？又是什么把这种信仰传递给每一个被帮扶的孩子？

有幸，我是共同行动的一名受帮扶学生；有幸，我将来也一定能成为爱心人士；有缘，被你们的大爱温暖；有缘，与你们在这里相见……阳光普照大地，千丝万缕，温暖人心，是否，那灿烂而温柔的阳光正是你们的化身？

魏僧寨中学　0350485　平静

专业剑道老师利用晨练时间教孩子们

眨眼间这次的夏令营已经接近尾声，在这次夏令营中我学到了很多，也有很多的感慨。

我被分到了初级四班，我的外教是Alice，她很可爱，我很想和她交谈，但是又因为羞涩，不会说英语，不知道该如何说。第三天老师提问题，我毫不犹豫地举起了手，我和老师配合得很好，我获得了鼓励，增长了信心。老师给我们每人写了一封信，中午回到宿舍，我打开了老师写给我的信，我流泪了，那时我才明白要走了，要离开这个夏令营了，要离开这些老师了，我心里很难过。在宿舍里，我跪在地上给Alice写信，我舍不得她。我知道她喜欢中国的美食，我特意为她介绍了几种中国的美食。最后一堂课，Alice和我们做游戏，为了让所有学生都吃到糖，她特意拖了很久。她对我们真的很好，没有人愿意离开她，包括我。她永远是我们的老师，也永远是我们的朋友，永远都是。

七天来，我们每天晚上都要上一堂课，范老师教我们作为一个女孩子应该如何做，高岚老师教我们规划人生，苏老师为我们介绍了他的海外生活，和我们分享了很多经验，三位志愿者姐姐和一位志愿者哥哥为我们介绍了他们的学习经历，让我们更向往大学生活。前天晚上，石家庄电视台著名主持人宋宁老师为我们上了一堂有关播音主持的课，这个老师还为我们介绍了几所传媒大学的具体情况，并且让我们说绕口令。老师问到谁愿意尝试时，我举起了手，虽然说得不是很好，但是我有勇气站起来，这就是我的一大进步。我打算在高中剩下的两年时间里好好学习，争取以优异成绩考上理想的大学。

昨天晚上我们举行了一个会议，就是由寝室长介绍自己宿舍的成员。我是这次会议的主持人之一，当得知我是主持人时，我并没有太大的心理压力，只是感觉自己多了一份责任！往小了说，我代表我们学校；往大了说，我代表深州，我一定要尽力做好会议的主持工作。在舞台上我不拿稿子，我在前一个节目间隙背诵下一个节目的内容，每当看到台上有我们学校的成员时，我都会给他们拍照，因为这次机会是难得的，每个同学都能够上，我要记录下这点点滴滴。晚上的会议很精彩，回到宿舍，同学们都说我主持得很棒，我很开心，感觉自己的信心又多了许多。

Storms make trees take deeper roots.

风暴使树木深深扎根！

深州市旧州中学　0130224　黄朝阳

2017.8.5

就在前不久，我得到了一个难得的机会——去石家庄参加外教夏令营。托共同行动的福，我可以和真正的美国人交流。现在，我已经来到共同夏令营四天了，今天是2017年7月26日。

在与外教见面的第一天下午，共同行动夏令营组织了一个游戏，我们每个班分成了五个小组，每个小组会得到相同的20个任务，然后在规定的时间内去完成这些任务。最后，哪个小组完成的任务最多，哪个小组就获胜了。在这期间，我们在整栋楼中寻找指定的老师，得到他们的签名，我们与外教合影，与志愿者老师合影，与外教一起唱生日歌……最后我们组以完成18个任务获得了胜利。Gordon给我们每个人发了糖果。

这里的早晨也像这里的饭菜一样丰盛，我们有好多种选择，可以在操场自由活动（打羽毛球、打乒乓球、打篮球、踢足球等），还有一些专业教练教我们武术、花样跳绳、剑术、棒球等等。今天下午，我们还看了一部电影——《超能陆战队》。

通过这一次夏令营，我不仅交到了许多好朋友，而且获得好多的知识，开阔了视野。多亏了共同行动，让我这个农村的孩子能享有一个城里人都很难享有的机会。我非常感谢共同行动，感

专业软式棒球教练教授孩子们

谢爱心人士，感谢志愿者们。

馆陶一中　0360310　张宗正

七天很快就过去了，之前我对这次活动充满了期待，甚至有时候做梦都会梦到自己站在讲台上发言，7月23日早晨我早早地起床，在学校门口照了一张大合照以后就出发了。在石家庄下车以后，我怀着激动的心情走进夏令营，由于实在是坐了太久的车，下车以后有点晕车，好不容易才把行李搬上寝室，把宿舍打扫干净。在那之后，宿舍里人便多了起来。这次的夏令营是外教夏令营，我们可以和外国友人交流，以此来提高英语水平。我们每天早上5：30起床，6：20在操场集合准备晨练，每一个早上我们都不知不觉在欢笑声中度过。在外教课上，每个人都积极发言，与外教甚是亲密。我的外教Joel是一位中年男子，说起英语来非常迷人，有时候在课堂上我们有听不懂的地方他都会尽力做动作来让我们明白，他对我们非常好，也非常幽默。夏令营快结束了，我还有点舍不得他呢！

我是一个不善言辞的人，刚开始和伙伴们相处时，我没有太多的话，有时我也想和他们多交流一下，但是不知道该谈些什么，有时候也害怕自己话太多，会让他们觉着很烦，但是过了两天后，我试着慢慢去了解我们组的每一位伙伴，我发现他们几个都很活泼，很好相处。

我们还参观了河北博物院，在那里看到了许多文物，还了解了许多我们河北的历史，特别是关于我们邯郸的历史，让我特别难忘的是革命先烈13和14展厅，那里面有许多革命先烈在狱中与反革命斗争的记载。看到这些，我明白，我们要珍惜今天的幸福生活，努力学习，回报社会。

这段难忘的夏令营生活留在了我心中，我也通过这次夏令营学到了很多书本上学不到的知识，感谢共同行动给了我这次机会，我一定好好学习，用优异的成绩回报你们。

涉县西戍中学　0380149　薛雅婷

排队进入博物馆

今天下午我们参观了博物馆，看到的景象与昨晚素质教育课的内容交杂在一起，使我感悟良多。馆中所陈列的物品展现了当时人们的风采。技术、创新将它们还原，并且经久不衰。要更好地继承先人为我们留下的宝贵财富，就不能简单地保存，而要让大家去接受，去理解。这就更需要我们开动脑筋，以更巧妙的方法将这些经验运用到实践中。

世界充满人性的光辉与人类的智慧，我们需要慢慢融入其中。很感谢共同行动给了我们这个接触世界的机会，我们要心怀感恩。

涉县鹿头中学　0370088　连佩瑶

2017.7.19

第一次参观河北博物院，孩子们很兴奋

我们一起步行去参观博物馆，看到了许多文物，也对河北的历史更加了解，看到河北人民的抗日战争历史时，我了解了许多革命先烈以及平民与外来侵略者斗争的悲壮事迹，这让我深受感动，使我知道了今天我们的幸福生活是无数先烈用他们的生命和鲜血换来的，所以我们一定要珍惜今天的幸福生活，更加努力学习，刻苦奋斗，成为国家的有用之才，将来使我们的国家更加富强，把我们的家乡建设得更加美好。

深州一中　0110325　康瑶

2017.7.22

鹿头中学帮扶点参加夏令营的同学及带队老师张彩江（专职志愿者）与外教合影

第一天，听了老师的讲解，才知道原来这个夏令营筹备了那么久，用了那么多的心思，才更加明白我们这些孩子接下来应该怎么做。在这个夏令营中我真的看到了秘书处的良苦用心。他们请了美国本土的并且是在那里也十分资深的老师来给我们上课，只为给我们营造一个好的外语环境。早晨，他们为我们准备了各种体育器材，请了好的教练来教我们各种东西，让我们懂得了运动的乐趣。每一天早晨，我和我的小伙伴们在操场上挥汗如雨，我们很快乐，很开心。还有，每一顿饭都是不同的，我们吃到各种没吃过的东西，品尝到许多新鲜东西。吃饭时我也很快乐，因为我吃的是爱。每天晚上还会有不同的"special programs"。我们上了一节素质教育课，还上了一节有关设计的课，我知道，这也是秘书处费了很大的功夫才请来的设计师。在那节课上，我没有领会到艺术的真谛，但我学会了设计我人生的道路，我要设计出一条专属我的人生大道，活出精彩。今天中午，吃完饭后，我们去参观了博物馆，原来有那么多我从未听闻过的东西。古人的智慧是那么令人震惊，这也是秘书处的良苦用心吧。

在这里，我真的体会到从未有过的乐趣。

涉县鹿头中学　0370093　翟佳慧

2017.7.19

不知不觉一周过完了，夏令营也即将结束，回想这几天，过得很轻松很开心。外教非常好，刚熟悉就要分开了，好舍不得。

昨天在食堂，老师还给我们准备了礼物，很开心很幸福，我一定会珍藏。

在课堂上，老师会给我们讲一些单词，因为我们有时分不清，发音不准，老师就一遍一遍地教，直到她认为我们读得比原来好了。她从不吝啬夸奖，会把“good job”“very good”挂在嘴上。她总是想方设法让我们懂，哪怕慢一些，哪怕不厌其烦地写在黑板上。她会给我们讲笑话，让我们自己体会结局，她会让我们看她的家人的合影，非常和谐的一家人。有一次上课，她让我们写信，却没想到她是在为分离做准备，她一封一封给我们回信。上了一整天课后，她还要抽空给我们写回信，她是怎么做到的？不得不说，她很让我佩服，让我敬畏。这样的老师谁能不爱？

我不认为我是个特别感性的人，但是昨天有人告诉我他们要走，我真的舍不得，非常舍不得。刚分开就有些想她，很想，很想，总想时光可以停留在那天。你对我的好，我不会忘，也希望因为这几天，我可以变得不同些，为了梦想可以更加坚定些。认真、专注、坚持、不放弃、用心，是我这几天最大的收获。

素质教育课，学生们在一起包饺子

这几天，感觉志愿者老师们像家人，就拿昨天晚上来说，有三位同学过生日，老师们一个个核对信息，为他们庆生，感觉他们好幸福，这一定是个与众不同的生日。在这里我们还包饺子，在家的时候，我有时候会帮妈妈做饭，却不会包饺子。有一个同学包的饺子非常好看，感觉真是人外有人啊。在这里，虽说只有短短几天，但是我认识了很多好朋友，我们一起笑，一起成长。

几天下来，我对我的目标更加确定了，更想要过好我的人生，对未来充满了期待，认识到这世界真的很大，有很多我不知道的事，我想要去了解。有一天晚上的“special program”请来了一位设计师，他很酷，他有一个小辫儿。他做了一个ppt，上面介绍了中国的许多地方，他用一个汉字就将一个地方的特色表现了出来，很酷，很形象，而且他还去过好多地方。中国，真的是个奇妙的地方啊，上下五千年的历史，名胜古迹数不胜数，真想把中国好好地游览一遍。我想去看看这个世界。

说到这儿，我想起了那天我们去博物馆，很可惜，没有转完，我还没有仔细欣赏一番就要出来。咱们中国真伟大，那些古迹，那些历史，那些故事，都值得欣赏，有时间我一定再去一趟。寥寥数笔，写不尽我的体会，笔至文末，希望共同行动未来更好。

赞皇中学　0150394　刘哲萌

2017.7.22

今天是我们在夏令营的第四天，与同学相处的这几天中我收获了许多，也学会了许多从书本中学不到的知识。

8月6号早晨我们从临西出发，坐了将近四个小时的大巴来到这里，我们都很疲惫，但内心中更多的是按捺不住的激动与紧张。到了营地，在老师帮助下我们到签到处签到和领营服，随后就立即回宿舍整理了床铺，随后就去了食堂，食堂的卫生非常棒，本来我以为一个公共场所不可能多么干净。

星期一我们正式与外教接触，他们非常热情，我们的老师是来自内蒙古的杨老师。我很佩服他们，他们从那么远的地方来到这个地方，我想这都是因为他们热爱这个组织。

每天早晨的活动也非常丰富，我每天早上都猜测有什么项目，每天早上都会期待着，我特别喜欢这种感觉。

在这两天中，我真的收获了很多，我从不讲英语不爱学英语到现在的爱学英语，这算很大的进步了吧。

希望在以后的日子里，我和外教的交流越来越顺利，与同学也越来越亲近！谢谢共同行动带给我这么丰富的经历。

临西二中　0050303　台保怡

不知不觉我们已经参加夏令营五天了，闭营的时间悄然来临。这一刻我的心中感慨万分，内心充满了不舍，心中的千言万语化为我的这一篇心得。

感谢共同行动给我们提供了这么好的机会，让我们来开阔视野，增长见识。共同行动将这次外教夏令营准备得如此丰富多彩，安排合理，劳逸结合，让我们的身心更加健康。

临西二中帮扶点参加夏令营的同学及带队老师商志远（专职志愿者）合影

每天早晨一个小时的运动时间、外教课、丰富的体育项目，让我们感到如此开心。与朋友一起运动，使我们的友谊更加坚固。

外教们与我们共同度过了五个日夜，我们一起学习、游戏，外教的热情活泼令我感到温暖，他们总是那么开心，似乎什么烦恼也没有。相同的知识，外教教得更加灵活，更容易让我们接受。也许我最大的收获就是每天听外教讲话，我的听力有了很大的进步。

共同行动志愿者希望我们以后能成为有用之才，所以每天晚上都给我们讲述一些人生道理。

感谢共同行动给我们这样的机会，希望共同行动越办越好。

吴桥中学　0060231　杨心如

离营前，吴桥中学帮扶点参加夏令营的同学合影

今天是我来到共同行动外教夏令营的第四天了。第一天我对这里充满了期待，我从来没有来过这样的地方。一眨眼的工夫，我在这里认识了很多人，每个人都非常好，一个宿舍里的同学都非常的好，我们都彼此谦让。虽然我们来自不同的地方，但没有因为距离而产生任何的不和。在教室里有外教给我们讲课，非常的有趣，他会时不时开一个玩笑。外教虽然不会说汉语，但他会用自己的方式让我们知道他说的是什么。在这四天中我过得很开心，很充实。如果没有来到这里，我不知道能否利用好时间，也许这几天我一直在玩儿呢！来到这里，我每天都有事做，时间利用得非常好。共同行动这个大家庭给予了我很多，使我明白分享是一种快乐。这个大家庭为我们准备了很多，每天早晨都会有新

的体育项目，我在这里学到了很多，有一些器材我从来没有见过。共同行动这个大家庭还给我们请外面的老师，让我们学知识，学技能。共同行动这个大家庭中的每一个成员都非常好，我们像很早就认识一样，很熟，很亲近。我很喜欢这里，这里没有纷争，没有歧视，每个人都很和蔼，真的非常好。在这里和外教一起学习英语，我有很多都听不懂，一塌糊涂。不过我还是很高兴，有时还真的想说一些英语，不过我还需要再努力。如果不是来到这里，我也不会体会到英语也是很有趣的。在这里我没有感到疲倦，而是感受到了快乐。再次感谢共同行动这个大家庭中的每一个人。

威县二中　0830008　李素荣

记得写第一篇心得的时候还是星期三，一转眼就到了星期六，距离离营还有不到24小时，我心里百感交集，想想七天的营期竟这样悄悄溜走，更觉得写一些东西是非常必要的了。

今天晚上要举行联欢晚会，我激动，也忐忑不安，因为我们的节目是今天才排练得差不多的，准备一点儿都不充分，加之舞蹈是昨天临时换的，小品是昨天才开始正式排练的，所以我很怕演出不成功或在台上紧张，其实我还好，小品去年中秋我们就演过一次，加之我今年有很多登台机会，所以比原来好很多，我现在只希望大家可以活跃起来，带动全场气氛，嗨翻全场。

七天就这么过去了，一个故事的结束往往是另一个故事的开

旧州中学帮扶点学生及带队老师魏延召（专职志愿者）与外教合影

始，我们的旅途才刚刚开始。

深州市旧州中学　013021　贾晓宇

2017.8.6

伴随快乐和幸福，不知不觉我们已经度过了四天，虽然只有短短的四天，但我感觉我学到了很多，在学习和生活方面都收获了很多。

志愿者默默忙碌的背影，让我感到生活中的爱，像一场太阳雨一样暖，让我更加感到共同行动的温暖，我真真切切地感到自己是这个大家庭中的一员。

第一次看到美国老师时心中难免激动，但又很害羞，不敢开口，害怕与外教交谈，但通过这四天，因为老师们的热情、耐心，我改变了很多，变得大胆，更想和老师们多说几句话，来提高自己的英语口语水平。

在这里每一天都不是无聊的，很充实，没有想象中的劳累，我们有很多活动，学英语歌、看电影、听道德讲座、学跳舞、学搏击……让我体会到前所未有的开心和幸福。

虽然刚来时有很多不适应，由于内蒙古天气偏冷，所以我难以忍受这里的热，不过我们上课处有空调。

我能收获这些都得益于共同行动，是他们出资出人出力帮助我们，但他们并不是想要什么回报，仅仅是为了让我们感到大城市的温暖，让我们知道我们并不是没有资格享受这一切，让我们重拾生活和学习的信心和希望。

闭营仪式上学生表演话剧《小红帽》

光阴似箭，几天时间却让我们改变了很多。想到马上就快离开了，心中非常舍不得，我绝对不会忘记这次外教夏令营，在以后的学习和生活中都会更加努力和勤奋，更大胆，做更好的自己，给共同行动一份满意的回馈！

固阳二中　0300178　屈海涛

花儿因你们的出现而更加娇艳，世界因你们的出现而更加美丽，我因为你们的帮助而更加出彩。

一切都很特别，特别的人、特别的饭菜以及特别的故事。

简单的三天过去了，有感动，有欢乐。缘分将我拉入了宿舍小团体、班级小战队，一切都显得那么和谐、美好，我喜欢他们。外教充满激情而又精彩的课堂让我热爱英语。我更喜欢精彩的活动，我们在活动中拼尽全力，为团队争光。我看到了自己的努力，更看到共同行动所有人的努力。

入营前发放生活用品

我很高兴加入外教夏令营。辛勤的志愿者老师、负责的班主任以及努力的我，这样的生活真好，这样无私的人最美！有如此关爱，足矣。

固阳二中　0300193　张文婧

今天已经是我参加共同行动2017年全封闭外教夏令营的第三天，我已经完全适应了这里。我比较内向，一般需要很长时间才能适应新的环境，没想到来到这里，我这么快就融入了。我们是从内蒙古来的，坐了十几个小时的火车，很累，但是我们在营地门口碰到将要走的同学欢迎我们，当时我就感到了放松，有一种回家的感觉。我们宿舍里的人互相都不认识，但就在短短的午休时间我们就已经相处得非常融洽了。下午考试分班，我内心超级担心考不好。但是第二天进入班级，与同学交流、与外教接触都非常轻松，前一天的顾虑完全消失了。

早上锻炼非常有趣，每天早上都有不同的老师上不同的课，我每一次都用心学习，因为我想学。早饭过后，我们开始上课，外教从来不迟到，非常尽职！第一天上课就给我们取了我们喜欢的英文名字，我很喜欢我的英文名字。教我们的两位外教第二天就将我们每个人的名字完全记住了，我是一个存在感低的人，但没想到外教叫我的名字时从未犹豫过，我很喜欢这样的老师。因为和外教相处没有紧张感，我很享受每天的学习。

这么多人，食堂要做很多菜，厨师一定非常辛苦，很感谢叔叔阿姨们，因为每天的菜都很可口，我每天都很期待去食堂。

来到这里，每天的生活都很有规律，我每天都很期待接下来的生活，非常开心，非常享受。

感谢爱心人士，感谢共同行动给我这次难得的机会。

固阳二中　0300194　张田甜

2017.8.6

难忘的夏令营即将过去，这段时间是我过得最快乐的时光，这里有热心的志愿者哥哥姐姐，有热情的外教，有团结努力的同学……在这里，我开阔了视野，结交了新的朋友，丰富了知识。还没来这里时，我常常幻想夏令营是怎样的，可是到了这里我才发现，这里的美好与快乐都是无法想象的。

早上，我们六点起来后，就开始晨跑。然后，我们就开始玩篮球、羽毛球、足球、乒乓球。共同行动还专门为我们准备了各

孩子们学习太极拳

种体育教练，使我们能够更好地了解各种体育器材，玩得更开心。每天早上的饭也是有讲究的，看似普通的早餐却倾注了很多人的心血和精力。入营这么多天，我早上从来没有吃过重复的饭菜，厨师叔叔阿姨很早就起来为我们做早饭，可见他们对我们多么关心。

同学们都争着抢着值日，我看到同学们的友爱与团结。同学们都来自不同的学校，但下课时，同学们都无拘无束，这带动了害羞、内向的我，不知不觉，我就融进了这个集体。我很喜欢这里，想到明天我们就要分离了，难过、伤心便涌上了我的心头。我很幸运，能来到这里，能认识这么多哥哥姐姐、弟弟妹妹，感谢共同行动让我有了这么一次机会。我感到非常幸运。

临城二中　0520120　郭扬扬

2017.8.6

开营也有几天了，我们从陌生变得熟悉起来，之前的拘谨感也渐渐不复存在。刚来的时候还有点不适应，生活环境发生了大大改变，紧接着，寂寞、孤独、无助纷纷来临，压得我喘不过气来。

我们每天早上都要进行体育锻炼，这对于我们来说至关重要，是一个很好的机会。平时我们在家很放松，也不注意体育锻炼，在夏令营锻炼一下是一个很好的选择。晨练项目特别多，我们可以结合自己的兴趣选择适合的活动，一个小时之后大汗淋漓，感觉特别舒服。

蒋老师对男生进行的教育对我启发很大，他希望我们成长为绅士。他的一句话让我记忆深刻："你的期待总大于现实，当你的期待实现时，你会有更高的目标，所以理想无止境，追求无止境。"蒋老师的话深深触动了我的内心，我发誓今后一定要学有所成，比父辈生活得更好，让父母安心，让父母享受到孩子给予他们最纯真的爱。

这几天我明白了爱真是无边界的。通过这几天的生活，我发现餐厅提供给我们的饭从不重样，餐厅的叔叔阿姨们很关心我们，让我们吃饱吃好。在这里，我想对他们表示衷心的感谢！志愿者老师每天会耐心地询问我们的生活情况，在这里我也要对他们说一声辛苦了。外教身上总洋溢着欢乐，给我们营造轻松的氛围。他们非常随和，十分幽默，处处为我们着想。Mike老师单膝跪下与学生们交流，这真的是我没有想到的。

共同行动秘书处蒋海玉老师主持开营仪式

一滴滴水汇成大海，一颗颗心化成爱，大爱无疆，愿爱心永远传递下去，源远流长，生生不息。

临城二中　0520126　高孜阳

2017.8.2

时间过得很快，转眼间夏令营就要结束了。这次宝贵的夏令营带给我一次大开眼界的机会和一次美丽的遇见，其实，很多缘分早已注定，很多陪伴与青春同行。

还记得刚来夏令营的那天，我带着满满的新鲜感漫步在美丽的校园。共同行动选择的校园真的很好，住的环境也很合适，和家一样，我们拿着行李到报到处，高兴地拿起我们的夏令营营服，营服分为黄色和绿色两种，都很好看。

其实来参加这次夏令营，最期待的莫过于见到外教了，经过分班考试，我被分到了中级一班，由Jacob任教，他长得很帅，来自美国的肯塔基州，尽管他看上去有些高冷，但是他真的对我们很好。美国人和中国人的文化很不一样，但我们却聊得很开

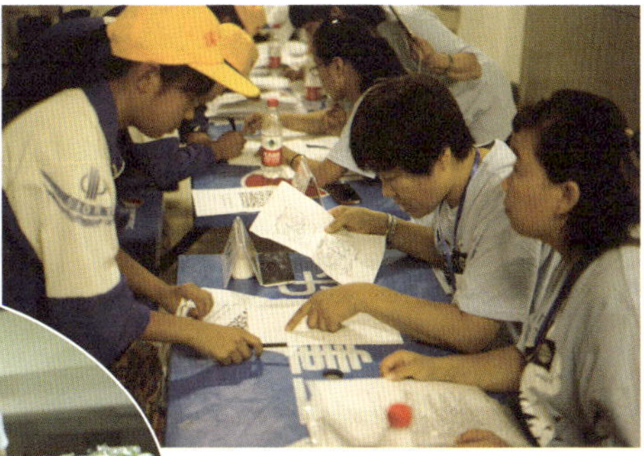

入营

每位入营学员都有两套营服

心。同一片蓝天下，不同的人种，幸运的遇见。遇见是一种缘分，相识是一种幸运，愿我们每个人无论在哪里，都心系彼此。我想，有一天我们还会相见。

这几天，共同行动还给我们安排了特色的项目，比如健美操、篮球、足球、跆拳道，我学习了一组健美操的动作和一组足球的动作，觉得特别有意思。每个老师都特别有耐心，我们学得也很起劲，感觉棒极了。

同时，范文燕老师、高老师、宋宁老师给我们讲了一系列心理课，我很感动，通过他们的经历，我不光看到了他们的光鲜靓丽，更重要的是，我看到了他们的默默付出。这让我明白，所有舞台上的大人物，不过是勇敢的普通人罢了，我若想光鲜靓丽，就要勇往直前。世界那么大，我想去看看，可我若不攀登，谁带我去，我若不勇敢，谁替我坚强。

我慢慢明白，出身并不重要，胆小并不可怕，重要的是我怎么认识自己。我知道，奇迹的另一个名字，叫李蕴迪。

宁晋中学　0730078　李蕴迪

2017.8.31

让我们来谈谈夏令营的活动吧，首先，我真的要好好谢谢共同行动给我们这次宝贵的机会，让我们体会到不一样的英语课堂，真的非常感谢共同行动所做的一切。我们很享受每天早上的晨练时间，其实我蛮喜欢体育运动的，虽然有时候炎热和流汗的感觉让人有些不舒服，但大汗淋漓也不失为一种享受。合理的作息安排让人一点儿负担都没有，只剩下无限的好奇和享受，不得不对夏令营的时间规划点个大大的赞。好期待剩余几天的活动啊，究竟会带给我们怎样新奇的体验呢？哈哈，让我们一起拭目以待吧。

素质教育课

河北任县中学　0810016　吴玉涵

时光匆匆如流水，转眼间，我们在共同行动外教夏令营度过了四天。能够参加这一期的夏令营，我感到很荣幸。

操场上完备的运动器材，有趣的教学项目，资深的老师，无时无刻不在吸引着我。我认真学习，生怕错过这一次难得的机会。

教室里，外教的课精彩有趣，让我沉浸其中，改变了我对英语的认识。我决定，以后我要真正把英语当作一门语言来学习，而不是当作一门高考必考科目。

每天下午的活动我都很喜欢！无论做任务还是学唱歌，我都拿出最饱满的精神来对待。我们组漏了一个任务，得了第三，没有拿到糖，有点儿遗憾。唱歌的时候，我没有因为自己五音不全而退缩。迎难而上才好。

还有三天就要结束了，我很期待未来三天的生活。

威县二中　0830039　赵怡欣

2017年共同行动外教夏令营第二期于2017年7月16日—2017年7月23日举办，有来自深州一中帮扶点、深州中学帮扶点、赞皇中学帮扶点、涉县鹿头中学帮扶点、柏乡中学帮扶点的224名学生参加。

不一样的营员

今天周六，明天周日。明天我们就要离营了，真的好舍不得。

共同行动，你真的是冬天的阳光，给予我们温暖，不仅在物质上给予我们帮助，还在精神上帮助我们。共同行动举行的爱心项目——赠书活动，举行的大型项目——外教夏令营，让我开阔了眼界，解决了我们精神上的匮乏。共同行动，真的很感谢你。

范老师的素质教育课真的让我受益匪浅，说实话，原先我很自卑，觉得自己的家庭不如他人，人家在县城居住，有爸妈开车接送，而我在农村，爸妈根本没有时间接我，就算接我也是顺便。我觉得自己不如他人幸福。别人盼望放假，因为他们放假可以出去玩儿，放长假的时候还可以出去旅行，而我不喜欢放假，因为我基本上每次放假都有一半的时间得去地里帮家里干农活。但加入共同行动后，尤其是参加了共同行动的外教夏令营后，我真的不再自卑了。上帝为你关上一扇门的同时打开了一扇窗，我参加了共同行动，同学们都羡慕，同学们羡慕我有共同行动的物品，更羡慕我有机会参加夏令营，所以我还有什么可自卑的，所以我要让自己变得更好，要更自尊自爱。

深州一中　0110399　葛夏怡

2017.7.22

现在的我是多么幸运，有幸成为共同行动的一员，感受从未有过的快乐，体验从未经历过的生活。从小我就生活在农村，目光短浅，像只井底之蛙，健美操、跆拳道、飞机模型、花式跳绳等等，我只是在电视上见过，根本不会想到自己真有一天可以学这些。更不必说外教给我上课了，这是想都不敢想的事儿！来到夏令营这几天真的像做梦一样。还是要谢谢共同行动，让我这只井底之蛙有机会跳出井口，看看外面的世界，让我这个农村的孩子也可以出来长见识，长自信，让我懂得对这充满爱的世界感恩！

课余时间，西戌中学帮扶点学生在操场自发组成心形，向爱心人士及志愿者表达谢意

共同行动的宗旨是帮助一切可以进步的贫困中学生。感谢共同行动让我变得更好。共同行动让我享受到城里孩子可能都没有的待遇；共同行动给了我一个机会，一个改变自己的机会；共同行动，给了我许多意想不到的惊喜和甜美的回忆；共同行动，教会我感恩；共同行动，让我们收获更多的快乐！千言万语道不尽我对共同行动的感恩，唯有汇成一句——感谢！将来我要当一位志愿者，把共同行动爱的火炬传递下去。

涉县西戌中学　0380143　王永杰

2017.7.2

邱县一中帮扶点参加夏令营的师生合影

早上五点起床，收拾行李整装待发，拖着沉甸甸的行李箱上了大巴。第一次坐大巴，第一次去省会城市，内心是十分激动的，想象着第一次参加的夏令营，想象着第一次遇到的外教，想象着……

一切的想象都在坐了三个小时车后成为2017年共同行动全封闭外教夏令营一员后化为现实。在成为一名营员后，我又有了许多的人生第一次，营员日程表与平时我在校园中的作息时间表截然不同。早上有晨练，不像跑操那样单调乏味，而是跑完步后可以根据喜好选择游戏项目。课堂上，让我印象最深的是一次晚自习外教让我们分组在规定时间内完成任务，任务就是去寻找并和其他外教交流，过程既紧张又有趣。我很喜欢这项活动，它让我和新班级同学很好地磨合，并锻炼了我的交际能力。晚上第一次和那么多同学一起沐浴，第一次和外县的同学共住一室，第一次结识了那么多的朋友，第一次上素质教育课……一天中那么多“第一次”在我心中烙下了深刻印记，让我学会了团结就是力量，素养是一个人在公共场合最好的服饰。

阳光正好，微风不燥，我的梦想在这里启航。在接下来的四天中，我会撸起袖子努力学，加油！

最后我想对外教说：“How lucky to meet you at my best age.And I have a question, can you help me? I want to talk with you fluently, but my spoken English is not well. I want to improve it, thanks.”

邱县一中　0020264　张飞然

我们一起度过了这个难忘的夏天（涉县西达中学帮扶点参加夏令营的学生）

“人生若只如初见，何事秋风悲画扇。”转眼这已经是第七天了，天下没有不散的宴席，如果大家都能像刚见面时一样，不离别，该多好！

昨天外教Cassie在上课时突然说了一句：“I miss you.”然后眼睛红了，我心想怎么哭了呢，之后我们都异口同声地说：“I miss you，too.”老师哭了。这是怎么了，明天不是还可以在一起吗？后来我听说他们今天就不会再来了，我好想对她说：“Cassie， I love you.”但此时，他们已经不在学校了。人生最大的遗憾就是我们能好好开始，却不能好好分别。

在这六天里我收获颇多，我获得了挚友，找到了许多和我有相同爱好的人，更重要的是，在这里我进一步实现了我的梦想！

当主持人一直以来都是我的梦想，尽管遭人嘲笑，遭人不屑，不被别人理解和支持，但我一直没有放弃，一直在坚持，因为没有人是可以一帆风顺的。马云要做互联网事业，没有人支持，可他最后成功了，因为他更懂得什么是“不忘初心”，机会从来都不是坐等来的。当我争取也做明天的主持人时，范老师说已经安排好了，我告诉老师这是我的梦想，从没有人支持过，老师却说：“没关系，我们帮你，我们共同行动帮你！”听完之后，我特别感动，从来没有人跟我说过这样的话，从来没有。老师是我追逐梦想的道路上第一个支持我的人！老师，我不会放弃的。我以后会站在舞台上，告诉我爸妈，告诉那些嘲笑我的人，我，牛初蕾，一个来自农村的孩子，成功了！

涉县西达中学　0580115　牛初蕾

转眼间，一周已经过去，明天即将离营，此时我心中的感受若用两个词来形容，那么“感动”与“不舍”便是最准确的。

昨天送走了外教，眼泪便不争气地一下子涌了上来，其实每个人心里都明白，这些天所认识的朋友不知何

爱好主持的牛初蕾终于见到宋宁老师

时才能再相逢。虽然我们相识仅仅一周，但你们带给我的感动与改变却不是一点点，是你们教会我如何去爱别人，爱自己。

这些天的一幕幕都已深深刻在了我的脑海中：第一次与外教交流；第一次学习外国歌舞；第一次参观巨大的博物馆；第一次看空竹表演；第一次练习跆拳道；第一次画画；第一次看外国电影；第一次收到那么多人的生日祝福；第一次和那么多人一起包饺子。

石家庄桥西空竹协会的爷爷在教同学们抖空竹

今天孩子们一起过生日

特别值得一提的是，在往年过生日时，不过是多炒两个菜，与爷爷奶奶开心地吃一碗长寿面。所以当200多人一起为我唱生日歌时，我内心充满了感动，羞涩的我不知该如何表达，但我心中却如明镜，我明白生日歌中包含了所有同学对我的关心与爱，所以，晚上睡觉时泪水便不知不觉湿透了枕巾。在这里，向共同行动的老师们说一声："谢谢你们让我过了一个不一样的生日！"

到了说再见的时候，有人说过这样一句话："分离是为了更好地相聚。"可能是由于家庭的原因，我明白，有些人走了就永远回不来了。但是我仍相信，若有缘，我们终会相见。

最后，在这里祝福同学们成绩越来越好，前途一片光明；老师们、志愿者们事业顺利，一帆风顺；共同行动越办越好！

深州一中　0110343　牛媛媛

2017.7.22

今天是我参加夏令营的第四天，营期过了一半，时间悄然而逝。而短短几天，我收获了很多，同时也学到了很多。

第一次走出家乡，走出家人的庇护，走进城市，车水马龙，灯火阑珊。四天里，我见到在家乡没见过的事物，学到在家乡没学到的东西，认识了新同学、新老师，适应了新环境。

我见到性格各异的外教们，他们热情活泼，永远洋溢着青春的气息。他们性格大不相同，却都十分优秀。他们教我们外语，与我们交流、游戏。他们用他们的方法温暖我们，使我们快乐，使我们懂得快乐是不分国界的。

我看到教导老师、志愿者们不分昼夜地付出，他们从不宣扬他们做了什么。

我感受到许多，走出了临西，有了新同学后，我发现自己真的很差。看着坐在我两边的初二学生与外教畅聊的时候，作为一名准高三学生，我听不懂他们的对话，这是最憋屈的事。我清晰认识到自己的不足后，下定决心要努力。

短短几天我不仅收获了知识、情意，还看清了自己。

临西二中　0050293　戚书焕

刚来夏令营的时候，这里的一切都是陌生的，陌生的人，陌生的地方，这让我感觉有点害怕，毕竟人生地不熟的。

但是共同行动的志愿者们和同学们都非常热情，我之前的怯意消失了。我为什么要害怕？我不用害怕，因为我面对的是我的

孩子们第一次坐地铁

亲人们。我们都在共同行动这个大家庭中。

第二天我们就开始上课了，外教非常热情，我的外教是Cassie。她非常漂亮，有长长的头发。我非常喜欢她，在她的课上，我不会感到拘束和无聊，因为Cassie老师的每一节课都非常精彩。

星期三晚上，我们在老师的带领下去看马戏，我们还坐了地铁，这是我第一次坐地铁，很兴奋。看完演出已经是晚上了，我们从剧院出来走回学校，欣赏了石家庄的夜景，真是别有一番滋味。

我知道这些机会都很难得，所以也格外珍惜。这都是因为我是共同行动的一员。

非常感谢共同行动，感谢共同行动的志愿者，谢谢。

魏僧寨中学　0340324　马雯雯

2017.7.26

首先要感谢共同行动，是共同行动这个大家庭给了我这次机会，让我们的生活多了一些色彩，虽然不鲜艳，却足以渲染我的天空。

我想分享一些特别的事情。从我进入夏令营穿上营服、吃第一口饭时开始，我就认定，从此以后，只要我有吃的就不会饿着共同行动家庭中的一员。

我们的外教是Alice和Joel，他们特别亲切，而且特别喜欢我们。外教给的糖果特别甜。我们的带队老师是戴新兵老师。所有老师都特别亲切！他们都特别好，都是一家人。对啦，还有以我们的婷婷姐为代表的志愿者。昨天晚上婷婷姐来宿舍里给每个人都分了一串葡萄，虽然很少，但是很甜，我们心里很暖。我们看了电影，电影中的大白也许就是我这种人吧。为什么要极力显得活泼？也许只是为了隐藏心中那些伤心的过往和秘密吧。

我想我的分享就这些吧，最后，我想送给大家一句话——开心是最重要的，开心就好！我会一直陪在你们的身边。

河北清河中学　0800003　耿悦

成长中有许多的“第一次”，一个个“第一次”磨炼了我们，锻炼了我们，使我们进步，让我们成长。非常感谢共同行动能给我这次参加夏令营的机会，我受益匪浅。

记得星期五用英语介绍宿舍成员的时候，我上台后特别紧张，结结巴巴，毕竟是第一次在台上给这么多人讲话，可当我听到宿舍成员为我鼓励的时候，我又不怕了，有什么啊，不就是介绍一下宿舍成员吗！我能行，但中间我老笑场，有时还平舌卷舌不分，我相信下次会更好的。这次上台让我感触很深，不经历风雨，长不成大树，不经历风雨，怎能见彩虹。人生就是这样，只要你勇敢自信，再长的路一步步也能走完，再短的路不迈开双腿也无法完成。

这一秒不放弃，下一秒就有希望，坚持下去就会成功。

涉县西戌中学　0380183　李栋乐

涉县西戌中学帮扶点参加夏令营的同学及带队老师李洁与外教合影

这是我第一次来我们省会石家庄，这是我第一次参加夏令营，内心无比激动。

第一天报到时，叔叔阿姨在门口热情迎接我们。

第二天，我见到我们的外教，一个美国人。我长这么大，还是第一次见美国人。我们的外教是如此的漂亮，几乎不能用语言来形容了。他们的衣服、背包等果真如电影里所见，都很潮，我很喜欢。老师特别有耐心，说得很慢，把每个单词都说得很清楚，让我们听懂。我们的英语很不好。不！是很糟糕。用蹩脚的英语与老师交流，半天下来，说真的，有点儿头昏脑涨了！老师和我们一样，一直上课，下课了还在黑板上写，真的很辛苦，也真的很坚强。这边的夏天实在太热了！第三天一切都很顺利！下了课我们不由自主地开始用英语交流了，很自然，而且老师上课时，我们听懂的也变多了，沟通方便了不少呢！我们的老师Emily是我们的榜样。

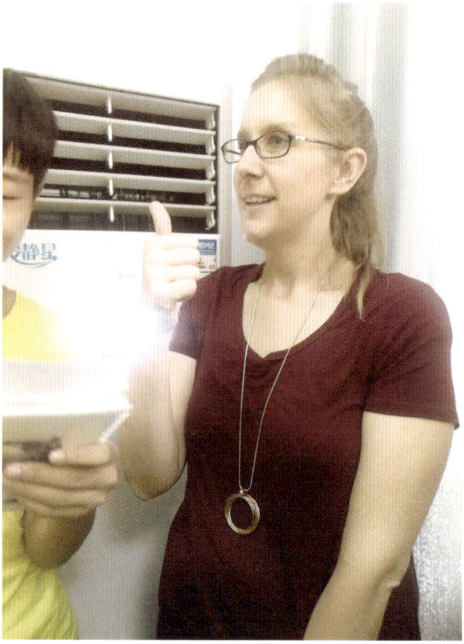

在外教Emily眼中，孩子们总是棒棒的

每晚我们都有特殊活动，初见魏老师，他的谆谆教导使

离开前把垃圾扔掉

我们内心又填充了一份爱，对别人的爱。他给我们更为详细地介绍了共同行动这个大家庭。第二天，范老师给我们上素质教育课，使我对自己有了更充分的认识，使我们懂得自尊自爱自重，这对我们以后的发展帮助非常大。还有一节讲创新设计的课，我感觉就是“世界之大，无奇不有”，哇哦，好惊喜，原来二十四节气可以这样，原来中国的省份可以那样，三百六十行，行行出状元。

记得我们有好多特别活动——学英文歌，跳舞，看英语电影，真的好喜欢。更特别的是，我们去博物馆了，这是我第一次参观博物馆。哇，真的很震撼，有燕赵，有大汉，仿佛穿越了几个世纪，太棒了。这可是几千年前的遗物，太珍贵了。哇，这都是真的啊。

其实在这里，让我感受更深的是，共同行动真的是一个大家庭！这里每个成员的素质也都很高，打饭主动排队，乐于助人，团结一致，积极打扫卫生；你好，谢谢，对不起，常可听到……好爱这里。

还有篮球与拳击。

我喜欢这里，喜欢这里的人，感谢共同行动，说不尽我的开心与感谢！

赞皇中学　0150368　杜紫然

2017.7.19

在8月6号的清晨，来自临西二中的14名学生和1名带队老师踏上了通往未知世界的征途，其中包括我。

来到共同行动全封闭外教夏令营有三天了，虽然只有三天，但我受益匪浅。所谓外教，就是真正的外国友人来教学。其实在来之前，我对外教充满了期待，因为我从来没有见过外国人。

我是在所有老师一起出席的开营仪式上第一次见到外教的。我发现每位老师都非常幽默，竟然还有一对夫妻，我一直猜测会是哪位外教教我们。当我坐在教室时看见了一男一女，内心是非常激动的。老师先是问我们有无英文名字，并说，如果没有，便为我们取。我也获得了一个非常美丽的英文名字——Jessie，我内心非常激动。

后来我得知两位老师的名字：Gordon和Barbara。虽然两位老师年岁较高，但是他们非常幽默，也很会照顾人。嘘，千万不要让这两位老师知道，第一次上课，我不太能听懂他们说的话，只会断章取义。现在我已经能听懂大部分了，这已经是质的飞跃了。在上课的时候，老师总是逗我们，用他们的表情和肢体动作表达他们的感情。我非常喜欢老师。

第一天下午，我们做了一个为时50分钟的任务，要找各位老师做任务，虽然我们小组也完成了任务，但因为耗时过长，没有获得第一，不过不可惜，老师们这样做也是为了锻炼我们的交际能力。昨天下午我们又是学歌又是跳舞，老师们能歌善舞的，可厉害了，好佩服。今天下午我们看了一场电影，震撼人心！

我们到了夏令营后的生活很有规律，不像在家时一样懒散。到了夏令营，完全不一样，我们可以学到很多知识，对我们学习特别有帮助。

我很喜欢夏令营。

临西二中　0050307　黄佳慧

我是一名新加入共同行动的学生，我加入共同行动这个大家庭马上就20天了，在这短短的20天里我感受到这个大家庭的温暖。2017年8月6日我们在学校门口集合，一共有13名学生，由商老师带队，早上8点坐上大巴，12点到达目的地，但我们还是到得有点儿晚。到了这里，老师和志愿者姐姐们特别热情地招

营服

待了我们，并给我们发衣服，一件黄色的，一件绿色的。之后我们去了食堂，在吃饭的时候，志愿者姐姐说：“一定要吃饱，不够就再去拿。”

下午我们进行了听力考试，因为听力考试的时候没有看懂题目是啥意思，所以等我反应过来的时候就已经快播完了。就这样，晚上结果公布出来，我就被分到了初级二班。一开始我对自己的成绩一点也不满意，明明都会，却因为没有看懂题丢了分数，我感觉挺可惜的，但这已经是现实了，是不可能改变的结果，我只好乐观面对我的成绩。

来到这个夏令营已经三天了，我学了不少东西，我很感谢老

入营后进行分班考试

入营后进行分班考试

师们对我的教育。

我很珍惜跟大家相处的每分每秒，我感觉每天都过得很充实，在这里我遇到了各种各样的人，让我懂得“人外有人，天外有天”的道理，这足以让我甩掉自己的小脾气。高于我的人太多太多，所以我要不断前进。虽然追赶别人时会很累，但我也要优于他人，只有自己足够优秀了，明天才有希望。

与外教相处的这几天里，我学到了美国的文化，我看到了美国的生活方式，最主要是感受到他们的活泼、可爱、旷达，他们表达爱的方式给了我很大的触动，我的英语听力水平也有所提高。外教们的责任感特别强，他们尽职尽责，真的打动了我。我第一次这么大胆地跟老师接触，而且还是外教，这种事情我以前连想都没有想过。

最后，我想用一句诗来感谢我的外教——春蚕到死丝方尽，蜡炬成灰泪始干。

临西二中　0050308　张迪

到今天为止入营已经三天多了，我也渐渐熟悉了这里的环境，还清晰记得刚知道要来参加这次夏令营时的那种心情——激动、兴奋、紧张。第一次与外国人接触，第一次听全英语式的课，我突破了越来越多的第一次，那种欣喜是绝对想象不出来的，只有亲身试过才能感受到。真的，我开阔了眼界。

这几天虽然每天仅能和外教在一起六七个小时，听他们说话，听他们讲课，但真的感觉很快乐。很留恋与他们一同上课时的感觉，不像中国式的课堂，让学生死记硬背，相反他们的课堂更有活力，更能带动学生。我们更像朋友，我喜欢和他们对话。

真的感觉共同行动举办此次活动，开阔了我们的视野，每天早上都会请来不同的教练来给我们讲一些专业知识，一日三餐都不会重样，每天晚上都会给我们上素质教育课。

感谢共同行动为我提供参加这次夏令营的机会。

吴桥中学　0060232　于璐璐

我是来自内蒙古包头市固阳县固阳二中帮扶点的学生，刚知道可以参加夏令营时，我手舞足蹈，欢喜雀跃，久久不能平静。在即将到达时，我想，这不是梦，我真的可以到石家庄上外教课了，刚来到学校门口，老师和志愿者的热情将我打动，我一夜未睡的身躯竟一点也不觉得累。我领了营服，到了宿舍之后，开始收拾东西，看见眼前陌生的床铺，望着周围陌生的一切，心中有一点彷徨，不知之后的学习、生活会充满怎样的色彩，不知与同学相处会不会融洽。我对一切未知充满期盼，总之，我期待。今天，8月9号，我慢慢地习惯了有规律的早睡早起的生活，我与外教渐渐熟悉，在课上大胆发言，大胆交流，也有了很强的责任心，明白团队精神的重要性。在剩余的几天，我会更加珍惜这来之不易的学习机会。

固阳二中　0300195　裴雪儿

“天苍苍，野茫茫，风吹草低见牛羊。”这句话描绘了我的家乡的美景。我来自千里之外的内蒙古，绿草茵茵，牛羊成群，蓝天白云，朝霞夕阳，一切自然景物都是那么美不胜收。原本我以为自己只能在草原上度过一生，没有机会去领略华夏的大好河山、壮美风景。出人意料的是，学校将赴石家庄学习的名额给予

固阳二中帮扶点参加夏令营的同学及带队老师张敏（专职志愿者）与外教合影

了我，我欣喜若狂，怀着激动的心情奔赴石家庄。经历了12个小时的长途跋涉，我终于随着学校团队顺利抵达石家庄，我的视线被牢牢锁住，我从未见过如此多的高楼大厦。我的内心震撼极了。

初入学校，天气十分炎热，汗水不停地从我的两颊流下，相比之下，我更喜欢遥隔千里的家乡，那里的天气是那么凉爽宜人。我随着志愿者的步伐到了我的宿舍，结识了一些河北的朋友，虽然语言有别，但友好的心是一样的。

经历了严肃紧张的分班考试，我有幸被分到中级一班，我是第五期夏令营中所在班级年纪最小的，知识当然也相对匮乏，对于外教说的话、教的课，也是半懂。而且我带着浓重内蒙古口音的英语也让大家半懂不懂。所以，我非常胆怯，只要和外教对话就十分紧张，以至于说不出一句完整的英语。但是，外教们生动有趣的课堂让我耳目一新，唤起了我对英语的兴趣。现在，我非常喜爱学习英语。

今天已是入营第四天，一天天在飞逝，短暂而充实的四天已然过去，明天又将是充满希望与热情的一天，在人生中有很多美好的日子，但这次非凡的夏令营经历一定会留在我的心头，影响我的一生。人生的路上总有不平凡的经历，感谢共同行动，让我平凡的人生拥有别样精彩。

固阳二中　0300220　郝艺伟

天下没有不散的筵席，一周的时间很快就过去了。在这一周中，有成长，有收获，有笑声，也有泪水。

老师说等我们回到学校之后就会发现我们的改变。我想说现在我已经发现了，从第一天的紧张到现在的从容不迫，从第一节外教课不敢说话到现在每天上课都抢着回答问题。

而我觉得这次夏令营最使我难忘的就是这里的人。外教很敬业，对我们很用心。因为每个老师都要上一天的课，会很累，所以两个老师病倒了，还有一个老师到了周三、周四的时候嗓子哑得都说不出话了。Mike老师跪在地上和学生交流，真的很令人感动。共同行动的叔叔阿姨们，从学习到生活都对我们关怀备至，志愿者哥哥姐姐们也很有责任心，虽然他们并不比我们大很多，但是他们承担了很多工作。这个大家庭给我带来了很多快乐，真是一个温暖的大家庭，能成为其中的一员我很骄傲。

新河中学帮扶点参加夏令营的同学及带队老师李飞（专职志愿者）、尹慧娜与外教合影

昨天下午最后一节外教课，我们给外教唱了一首中文歌，虽然她听不懂，但她还是哭了，我也哭了，我从来没有想到短短五天的时间，人与人居然可以培养出这么深的感情。5：30放学之后我们与老师合影，直到6：00都没有一个人走，都舍不得，真的太难说那一声再见了，好像前几期闭营仪式都有外教参与，但这一期老师好像要去北京了，这让我更难受，真的想再上一节外教课，再与老师合一张影，再与老师拥抱一下……

谢谢共同行动，谢谢叔叔阿姨、哥哥姐姐给我这次大城市的孩子都没有的机会，让我做了一件以前的我可能一辈子都做不到的事（与外国人交往这么长时间），以后我会更加努力学习，以后我也要当一名志愿者，再次加入共同行动，因为我爱这个大家庭。

河北新河中学　0330245　齐亚宁

时间一分一秒地流逝，转眼间共同行动夏令营已经进行了四天，这其中的欢乐是颇为丰富的。

初至这里，我带着前所未有的心情和满满的好奇心来迎接这里的一切。刚来的时候，我们带着自己的行李走进了夏令营基地，见到志愿者哥哥姐姐们，他们热情地与我们打招呼，带我们去报到、领营服。后来走进宿舍，发现宿舍中的学生都不是来自一个地方，大家由素不相识到现在互帮互助、空闲时谈心。

我来自遥远的内蒙古固阳二中，坐了十几个小时的火车，但是来到这里时却感到甚是感动，这里的天气与内蒙古的天气有一定的差异，这儿非常炎热，但就在这样的天气下，这里的志愿者们依旧站在太阳下迎接我们。到了晚上，我们见到活泼热情的外教，他们一一以不同的方式介绍了他们自己。分班后，彼此陌生的同学们在一个班级里相互了解，彼此熟悉。我的外教Gordon和Barbara是夫妻，他们有九个孩子，我们都感到十分惊讶。第二天下午，所有的外教与我们一起唱歌，教我们说英语、法语，同时我们也教他们汉语，十分有趣。昨天，Barbara、Emily和Alice教我们唱英文歌，她们的歌声非常动听。今天下午我们坐在一起观看电影，十分和谐。

我一定会好好珍惜剩下的时间。

固阳二中　0300192　张子怡

2017.8.6

最后一堂课后外教Barbara和学生们一起合影纪念这段难忘的时光

2017年共同行动外教夏令营第三期于2017年7月23日—2017年7月30日举办，有来自饶阳中学帮扶点、魏僧寨中学帮扶点、馆陶实验中学帮扶点、涉县西戌中学帮扶点的205名学生参加。

不一样的老师

To whom it may concern:

Hello from America! I am enjoying my life back at home but I still miss China. I also miss my students and all the adults I worked with during my six weeks in Shijiazhuang. While I was in China I had many great experiences. I got to see the Great Wall, the Forbidden City, the Summer Palace, and the Temple of Heaven. I got to eat a lot of good food as well. I even got to help make dumplings! A few weeks ago I was thinking about how I really missed Chinese food. The Chinese restaurants in America aren't the same. But the best part of my trip to China was the people. I am so thankful that C-Time made teaching in China a possibility for me. It was one of the best experiences of my life.

非常感谢!

Jacob McGee

Nov 30, 2017

To whom it may concern:

It was my pleasure to serve as a teacher during the 2017 Foreign Teachers Summer Camp held in Shijiazhuang by the Foundation of Hebei Joint Action Scholarship for Students. Not a single day passes that I don't think fondly of these special young people and the fun times we had.

In my first week as a teacher, I was given a Chinese name. This connected me with my students like nothing else could. At that point, all of the students and I had taken on a new name and had to find a way to live up to them. We had expectations of each other and wanted nothing more than to have those expectations realized. I'm still amazed by the level of professionalism and motivation all of my students had in our classes. While each class of students started out quiet and reserved, they quickly warmed and eagerly participated in classroom activities. While some had

九位外教不远万里来到中国石家庄，在这里他们度过了一个不一样的夏天

外教与驻地志愿者合影

difficulty speaking English, all gave their greatest effort.

All of the students were curious about life in the United States and about me personally. As a substitute teacher, it is necessary to build a relationship with students as quickly as possible and even I was surprised by how readily the students accepted me. In fact, I spent nearly all of the fourth week of the camp in the hospital and received messages of love and encouragement from students I hadn't even met. When I went to visit the class at the end of the week, I was welcomed as a celebrity. I have never felt anything like it.

In class, we learned songs, played games, and spoke about our lives and families back home. We laughed together and learned more about our respective cultures. Through these games, I got a glimpse of how strong the spirit of competition is in these young people. I hope that I was able to help direct some of this spirit into becoming better citizens not only of their city or of China, but of the world. Given the chance, I would repeat this experience as often as possible.

Sincerely Joel Shipp

Nov 21, 2017

从7月30日入营到现在已经六天了，时间过得真快呀，已经到了要和夏令营说再见的时候了。回想入营的点点滴滴，真的很开心，也很舍不得。我是一名即将进入高三的学生，枯燥乏味的学习生活让我早已失去了纯真的感觉。整天在书海里遨游，不知道自己为什么要这样学习，把时间安排得很紧早已成为一种习惯，直到来了夏令营，遇到一群可爱的同学、善良的共同行动志愿者、纯真可爱的外教们，我觉得他们还是孩子，与他们心贴心交流、做游戏让我从心底里涌出一种从未有过的感觉，很温暖，让我仿佛回到了无忧无虑的童年。回想起入营第一天老Mike说的那句蹩脚的中文——“在他们离开的那天不要哭”，说真的，我没想过我会哭，因为我觉得我早已经过了那个一分别就哭的年纪，可当Jacob说他要去北京时，我哭了，而且哭得很痛。那是一种真的难受，当他说出那句“Thank you to be my student, I will never forget you”时，我再也忍不住了，眼泪涌出眼眶，像断了线的珠子，怎么也停不下来，他们走进我心里了。谢谢共同行动给了我这么美好的时光，我将永记于心，同时也希望第五批夏令营的学生善待我们的外教，他们真的很好。

河北宁晋中学　0730082　闫雅儒

2017.8.31

来夏令营之前我还有些犹豫，害怕无法和外教沟通，但还是想锻炼自己，最终还是决定来。

不知不觉已在夏令营待了四天，由初时的不开心转变成现在的不舍，一想到马上就要离开夏令营，离开外教，心里很难过。

第一天上课我非常恐惧，害怕自己说不好，所以我还是有些不情愿，情绪不高，突然好想回家。

第二天，外教出了新花样——谁回答问题就给谁一个糖果，还带我们玩游戏。那天下午是让我记忆深刻的一个下午，外教给我们12个任务，去找其他的外教才能将这12个任务完成，而且全程只能用英语交流。我们小组5个人跑上跑下终于完成了任务，得到了外教的夸奖，那天晚饭后，我总感觉我身边的人说的都是英语，仔细一听才知道他们说的是汉语。

第三天，外教让我们玩猜词游戏，我上去给同学们比画的时候，突然觉得我变得和以前不一样了，以前只要在台上讲话，我就会很紧张，很害羞，但是那天我心里丝毫害羞的感觉都没有。我很大方地完成了游戏，并且很快让同学们猜到了我所比画的单词。

第四天，也就是今天，我心情不是很好，虽然下午和外教们一起合影，但是一想到四天就要过去了，马上就要和外教分开了，不知道什么时候才能再见到他们，心里就很舍不得。

我逐渐改变，我发现我已经爱上了夏令营，爱上了志愿者老师，同时爱上了外教。来到夏令营，我不后悔！

夏令营的最后一天，看Mike抱着相册的表情，就知道他与大家难舍难分

威县二中　0830011　刘素雪

其实参加这次夏令营我一开始还是很害怕的，因为听老师说教我们的都是外教，而且是纯正的美国外教，而我的英语不怎么好，特别是口语更差，但同时我又有强大的好奇心，促使我最终怀着激动的心情来到夏令营的基地。而来到这里之后，我才发现原来我的那些担心都是多余的。从入营到现在的几天里，我改变了我的观念，我想更深入地了解外教，了解外国人的习俗，了解共同行动。其实外教很可爱，他们犹如我们的朋友，完全不像我们想象中那种不会就打的严师。而在共同行动

特意为我们设的素质教育课上，我更加深入地了解了外教的可爱。

周二晚上的活动更拉近了我们和外教的关系，让我感觉到外教的和蔼可亲。其实当我第一次看到May时，我就非常喜欢她，说不上来为什么，但就是很喜欢。第二天在教室看到她时，我感觉好高兴啊。我听说他们要走时，心里有点失落。和她相处的时间虽短，但我感觉她十分善良。还有其他外教，我不知道七天过后，当他们要走时，我会感觉如何，但我十分珍惜和他们在一起的点滴。

邱县一中　0020301　袁冰珂

上周日我来到外教夏令营，至今已经过去三天半了，这三天半我学会了很多，发现老师说的七天完成质的飞跃并非吹牛。

既然是外教夏令营，那么英语水平的提升就不必说了，目前我虽不能与老师自如交流，但已经能够听明白老师的意思。让我颇为感动的有三点：一是在未开课时，我们在走廊中碰到外教，他们主动向我们点头微笑，有的还会主动与我们打招呼，这使我紧张的心情顿时放松了，同时也暗惊外教的热情；二是第一堂课上我把眼镜落在了宿舍，又因为去得比较晚，坐在了最后一排，老师让抄写，我却根本看不清，当时我并未出声，外教却敏锐地发现了我的异样，帮我搬椅子，让我去第一排坐；三是第一堂课教室里有两个外教，一个在上面讲课，一

深州一中帮扶点参加夏令营的师生合影

个在下面坐着，上面的老师让我们一起读英语时，那个在下面坐着的老师就走到我们身旁主动为我们纠正错误。

有让我感动的事，也有让我后悔的事。那是下课时间，我正在玩手机，外教突然走过来说："Can you help me?"我吓了一跳，就下意识地摇头，然后她就走了，她走以后我才反应过来，顿时感觉后悔不已。她那么和蔼可亲，只是请求我帮她撕纸而已，我却拒绝了，我怎么能做出这么傻的事情?

总而言之，就在这短短的三天半里，我变了很多。老师说过，我们今后心中一定会充满爱，也会彬彬有礼，之前我还不信，但现在我信了。

深州一中　0110421　马汇溪

在和外教相处的短短五天，我学到了许多，虽然外教Barbara教给我的知识不是很多，但经过这几天的交流，我的口语有了很大的提升。在对话过程中，她总是认真听并纠正我们的发音，比如“th”“s”的区别。刚开始上课时我就知道她已经59岁了，而且有9个孩子、14个孙子。我觉得她非常不易，尽管岁数不小了，但还是每天顶着太阳、忍着高温来给我们上课，而且上课时她总会吃医生给她开的药，每到此时我总觉得很心疼。

昨天，我们与Barbara分开了。在即将分离时我们合了影，虽然快分开了，但照片上的我笑得很开心。谢谢Barbara，我从她身上不仅学到了知识，也学会了幽默、开朗。后来在班里，她与我们一一拥抱，并给了我们糖果。拥抱时我们抱得很紧，因为舍不得，我们最后都流下了伤心的眼泪。

转眼间，夏令营已接近尾声。忽然觉得时间过得好快，还没有好好欣赏沿途的风景便已接近终点。刚开营时的景象还历历在目，仿佛就在昨天。内心的千万不舍只能化作文字。

赞皇中学　0150362　张紫倩

2017.7.19

我是一个幸运儿，有幸成为中级二班的学生。我们与其他班不一样，我们有两名外教——Gordon和Barbara。他们是一对夫妻，让我们感受到美国人的开放。他们非常喜欢孩子，他们让我增加了自信心。但是在昨日，他们一进教室，说要给我们照相，

志愿者袁青和Barbara

我就知道离别的时刻快到了。照完相Barbara说着话哭了，我的眼泪也在眼眶打转。是他们每天上午给我们上四节课，下午给我们上两节课。最后两节课他们和我们一起做游戏，他们其实挺累的，每天要想方设法让我们保持活跃。昨天，他们给我们每个人准备了一封信和一颗糖果。信是他们根据我们每个人的情况写下的，糖果是他们从美国带来的，只有他们那个地方才有的糖果。虽然我和外教交流得不是特别多，但是在课上，我也积极回答问题，每次回答完，他们都会夸奖我，并会纠正不正确的读音，直到我可以正确发音为止。感谢外教的辛勤付出，谢谢你们，我爱你们。

饶阳中学　016376　陈甜笑

来时仿佛昨天，让我不得不感叹时间过得太快了。

昨天是我们与外教分别的一天，我从来没设想过这一天，我总感觉这一天还早。但离别的一天来临时，我害怕了，我害怕外教离开我们，害怕之后与外教再无联系。昨天上午外教Barbara让我们写出要感谢的人，全班人心有灵犀地全部写的是Barbara，下午Barbara回赠了我们每个人一份礼物、一张贺卡和一颗糖果，当然还有Barbara温暖的拥抱。昨天Barbara跟我们说话的时候哭了起来，我们班上有几个同学也哭了，但我没哭，因为Barbara说过她喜欢我的笑容，我想把我最美的笑展现给她。当我打开Barbara给我的贺卡时，我的眼泪流了下来，Barbara在第三天的时候问过我们的喜好和以后想当什么，我说我想当老师，第一个原因是我的妈妈是一名教师，第二个原因是我想帮助更多的孩子考上好大学。Barbara问："你还有几年上大学？""两年。""祝你考上一个好大学。""谢谢。"Barbara给我的贺卡上写的第一句话便是"How wonderful that you want to become a teacher like your mother"，她记住了我的爱好和理想！

她微笑着和每个人合影，她给每个人一个大大的、紧紧的拥抱。我们趁她和别人合影时，在黑板上写下对她的爱。当Barbara看见时，拿着相机拍了下来，记下了这一幕。而我拿手机拍下这时的Barbara，虽然眼角的皱纹明显但依然掩盖不住她的美丽。

我真的很感谢共同行动给了我这次参加夏令营的机会，让我能够认识许多来自不同学校的小伙伴，能够认识热情的外教，当然最庆幸的还是认识了美丽的Barbara。

河北新河中学　0330276　何尼娜

2017.8.31

明天营期就结束了。是的，要结束了。写下这几个字时我的心情无限复杂，感觉眼睛涩涩的。

舍不得，舍不得，舍不得。

这次夏令营真的能改变我的一生。先说我最亲爱的外教——Barbara。

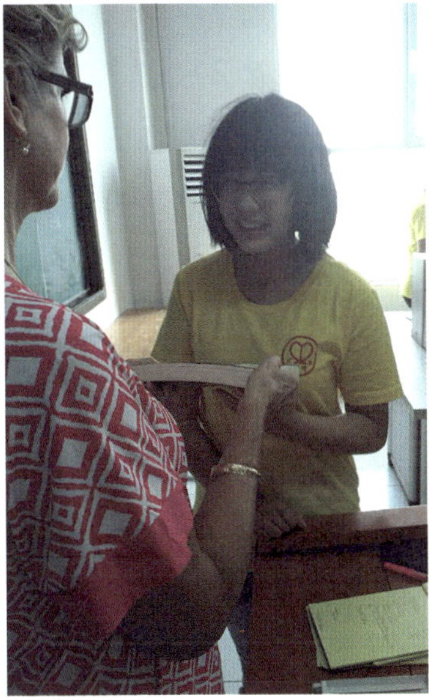

Barbara送给学生一本书，并写下她的祝福

那一天她让我们做造句子的游戏，我说我想做一名作家。很多人都知道我这个梦想，却大多当玩笑一笑了之，所以第二天Barbara在台上叫我的名字Becky，把一本书递给我的时候，我完全愣住了，随之而来的是满满的感动。她将书递给我，并说这是她最喜欢的书，希望我能达成我的梦想，将来出书了要给她看。我不是一个爱哭的人，那时却完全忍不住了。我们拥抱，她在我耳边说，她相信我。

夏令营结束前，学生和外教相拥在一起

她给我鼓励。说实话，以前我有这个梦想，却没多大信心。可当她用真挚的眼神看着我时，我突然涌出巨大的勇气。我觉得，有这样一份信任，我一定要付诸行动。

可能我有点语无伦次，但纯粹是有感而发。在这里我最大的收获就是真挚！当外教和我说“Very good”“You are the best”的时候，看着她的眼睛，从中我可以感受到她是全心全意在为我感到骄傲！我爱死这种真挚的情感了！

昨天告别时，Barbara哭了，她给我们每人一封信和一颗糖，还告诉我们她的地址和邮箱，让我们跟她联系。

我们会再见的吧？我们一定会再见的！我会好好学习，然后去美国找你的，Barbara。

河北宁晋中学　0730006　刘伊捷

教室是我们的另一个天堂。在教室里，我认识了两位非常可爱而又尽心尽力的外教——Gordon与Barbara。他们面带微笑，所以我内心才不再忐忑。上课时，他们总是耐心地纠正我们的发音，并且还时不时鼓励我们。下课时，他们与我们畅谈家乡，并向我们介绍他们国家有趣的表达方式，几天时间，我们之间就产生一种别样的感情。离别时，挥洒泪水，紧紧拥抱。我们收到了外教给我们的信与纪念物。我们还想继续保留这份情谊。短暂的是时间，漫长的是真情。

固阳一中　0300182　王梦婷

涉县西戍中学帮扶点参加夏令营的同学及带队老师郝江涛（志愿者）与外教合影

不知不觉夏令营已接近尾声，我心中充满了不舍。刚来的时候，心想就七天，不会那么不舍的。但是，虽然只有短短七天，我却和外教们、志愿者们、同学们结下了“革命友谊”。昨天是最后一天外教课，我们都充满了不舍之情。上午第一节课，我们中级二班和老师们拍了合影，每个同学拿着自己的名牌照了一张照片。上午下课的时候，Gordon给我们讲了美国感恩节，而下午我们要讲一下自己感恩什么。下午，每个学生都对老师表达了感恩。Barbara听着同学们读的话，泪水不禁湿了眼眶。Gordon和Barbara也和我们分享了他们的感恩。他们感谢这七天我们的陪伴，我们就像家人一样。我们也忍不住掉下了眼泪，不忍分别。我们做了四个游戏，回到教室，老师们为我们每个人写了一封信，并送了每个人一个太妃糖，我们每个人和老师拥抱，最后我们让外教在我们的营服上签上了他们的名字。老师们的每一笔落在我们的衣服上，都拨动了我们的心弦。伴随阵阵抽泣声，同学们结束了最后一天课程。这是第二篇心得，却也是最后一篇，我甚至都不想结尾。真心爱上了这个夏令营，爱上了外教们。

威县二中　张丽颖　0830034

回想第一次见到Barbara时的情景，当时身为班长的我正在统计班内同学的QQ号。Barbara从教室门口探出头来：“Hello！”她的样子有点滑稽，但却给我们留下了一个非常好的

T恤上的签名成了最美的图案

印象。我相信我们留给她的印象也不会太差。每天上课前，我们全体都会起立，对Barbara说：“Good morning，teacher！”每到这时，Barbara都会特别高兴。Barbara说她已经59岁了，但是我看着一点都不像，她那么热情、活泼，还经常和我们开玩笑。在我的眼里，她就是我的亲人。We are family！

昨天，Barbara和我们告别，她给我们每个人精心准备了礼物，还给我们写了信，她紧紧地拥抱我们每个人。也许这次分别便是永远，但不管怎样，这都会成为我们生命中最美好的回忆。Barbara带给我们的欢乐和幸福，将永远留在我们心中。我们还见到Barbara的丈夫——Gordon，他也是外教之一，我们经常在一起做活动，他的幽默与风趣给我们留下了很深的印象，他就像我们的邻家大哥哥一样呵护我们。

细想这次活动的点点滴滴——我们和外教们一起玩游戏，一起运动。忽然想起昨天一位老师说的，其实每次离别对外教来说都是一种煎熬，因为他们刚熟悉我们，我们却要离开了，我们只经历一次，而他们却要经历六次，因为这次夏令营一共有六期。不过也有件值得高兴的事——Barbara把她的邮箱留给了我们。

明天早上，我们即将离营，结束这次的夏令营之旅。但我相信，回去之后，每位同学都会把这次的经历毫无保留地告诉没来的同学，让更多的人了解这次夏令营，了解共同行动。

每一次分别都是为了更好的相遇，我相信，明天会更好！

深州中学　0120231　马大款

Gordon和Barbara是夫妻，本次夏令营他们作为志愿者一起来到中国，他们两个人都非常喜欢他们的学生

时间如白驹过隙，七天转眼即逝，今天是最后一天了，我一定会加倍珍惜。离别是痛苦的，相思是断肠的。

我与Gordon的相遇只是我漫漫人生长途中的一抹斑斓而已，只不过分别的滋味确实不好受。尽管只有短短五天，Gordon的声音、面孔却留在我的记忆中，抹不掉了。昨天，Gordon走了。或许我只是Gordon所教的学生中的一朵普通的“rose”，不起眼，不扎眼，可是他却永远烙在了我的心中，刻在了我的心底。

千言万语都无法形容我此刻的心情，今天早上我又去了我们的教室，平时早早在教室等候我们的Gordon却已经不见踪影，教室依然那么宽敞、明亮、凉爽。Gordon的椅子还留着Gordon

深州中学帮扶点参加夏令营的学生及带队老师张昭（专职志愿者）

的体温。眼泪充满了我的眼眶，我努力忍住。Gordon送给我们的花依旧插在水杯里，它记载着我七天的回忆。

河北新河中学　0330240　常玉莹

2017.11.13

今天是与外教在一起的最后一天，也是与外教分离的一天。今天，我来到教室时已经很晚了，等同学们全都到齐了，Gordon拿出了早已准备好的照相机，让我们写上自己的英文和中文名字，给我们依次照相，他让我们笑，同学们的灿烂笑脸显示在照相机中。他怕我们哭，所以趁我们还没伤心时记录下那一刻的美好。

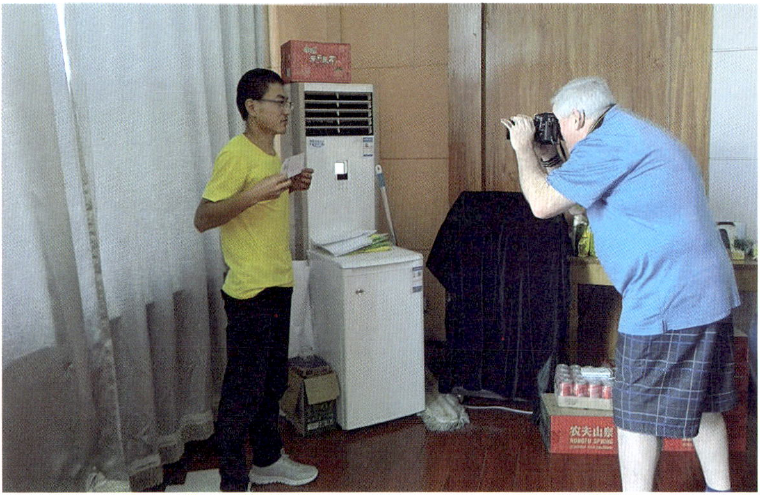

Gordon让每个同学写下名字再拍照，因为他想记住每个同学

分别的时刻越来越近，教室里的气氛越来越沉重，Gordon最后问了我们几个问题，然后就让我们依次上前，给我们鲜花、糖果和拥抱，女生们早已泣不成声，男生们也都低头不语，默默地抽泣。他跟每个人拥抱，并鼓励每个人："You can study hard."拿到东西后，同学们都恋恋不舍，他打开门让我们走，那一刻他的眼里含满了泪水。

我们都出去了，站在教室门口，不肯离去。他关上门，独自在里面，同学们又进去让他签名。

虽然只有几天，但我们的感情已经非常深厚了，我们都已经把对方当成了朋友，我们已经变成了一家人。突然的分别让我们措手不及。但这几天的相处已经成为我们最好的回忆，Gordon也是我们记忆中不可缺的一分子。Gordon,I will never forget you.

河北新河中学　0330290　颜诺

2017.8.6

夏令营即将告一段落，跟着外教学习真的很开心。最让人伤心的时刻是和外教告别的时候，我们中级一班有最幽默的外教——Gordon，他每天都逗得我们哈哈大笑，给我们每个人发言、锻炼自己的机会。他教我们要爱国，要尊重异国文化，要好好学习，要"be a gentleman,be a lady"。他让好多内向的同学变得开朗起来。跟他学习的这几天，我学到了很多，加深了对英语的热爱，也改变了对外国人的看法。星期五，最后一天与外教在一起了，我们都比平常认真。下午，我们班给Gordon表演了《感谢》手语。音乐一响，刚开始表演，我就禁不住哭了。后来我看见Gordon的眼红了，他也哭了。接着，我看到好多人都哭了，有的都哭出声来了。做完手语，我们擦干眼泪，露出微笑，把它留给彼此。下午的送别仪式上，Gordon给了我们每人一块糖，我们吃完糖，开始告别，每个人都去拥抱Gordon，每个人都哭得不成样子。Gordon让我们“be good,be thankful”。Gordon用他的相机拍下了我们每个人的笑脸，记下了我们每个人的中文名和英文名。他说会永远记得我们。我们更会永远记得他！当提到Gordon时，好多同学就说：“你的外教是Gordon？好羡慕你！”那时，我非常骄傲，Gordon是可以让我铭记一辈子的老师，这么多年来，Gordon是我最喜欢的、对我影响最大的老师。愿Gordon与Barbara能永远幸福，愿他们一切安好！我要好好学习，有能力了我要去美国拜访他们。

最后，感谢共同行动的爱心人士以及志愿者老师和我们的带队老师。I am thankful for every person who loves me.

深州中学　0120216　张泓云

思绪万千，拿起笔，却不知道从何说起。像做了一个梦，突然醒来，却再也续不上。

我不知道我是否成长了，一切都悄无声息，回想起来只有感动。就在昨天我与Gordon和Barbara拥抱分别。在他们耳畔，我

Gordon在课间准备教案

说："I love you."但时光却不能总停在那一刹那。尽管我忍不住想哭，但我还是告诉自己："要勇敢面对分别，开心面对未来，没有人可以永远陪伴你。"当然，我也会不成熟地想，如果我不要那块糖，不要那封信，甚至不要拥抱，你们是否就可以留下来。

Gordon和Barbara的童心感染了我。在他们的课堂上总有笑声和糖果。在那儿，我成了一个孩子，和先生、女士手舞足蹈。

河北清河中学　0800009　邱玲

在这次难得的夏令营活动中，七位外教为了让我们更加用心、自主地练习英语口语，费尽心思给我们想出了一系列游戏与活动。下面是我印象最深的一次，也是规模最大的一次——全体学生一起参与活动，同时也有志愿者与外教参加。

一上课，我们班的外教Cassie给我们讲解游戏规则，并给我们分组，一组应该是四至五人，而我们班却有六个男生，所以Cassie把我们六个人分到了一个组，然后给我们每人发了一张纸，上面用英语写着游戏任务。

然后我们就开始行动了，但是我非常尴尬地发现，我们组其他五人的英语都非常差，他们连任务都翻译不了，我毫无悬念地成为组长。明确任务后，我们都争先恐后地冲出教室，因为游戏有时限，规定时间内完成任务多的组才算赢。

我们都在三、四、五楼跑上跑下，大汗淋漓，因为他们英语都不太好，所以与外教交流成了我的事。我们获得了第一名，Cassie给我们每人发了一个糖果。

这一个小时中，我们可以说是痛苦并快乐着，回忆起来，我猛然发现这是我有生以来说英语最多的一个小时，而且不是照着课本读文章，这让我很惊讶，因为虽然我英语成绩不错，但是我的口语较差，一般我不会用英语与他人交流。

这次夏令营让我结识了新朋友，长了见识，克服了一些障碍，可以说我的收获很多。

深州市旧州中学　0130194　任宇鹏

我的英语老师是Cassie，我的英文名字是lea。老师亲自给我

Cassie

们起英文名字，我很高兴地说了声谢谢。老师还给我们带来了好吃的糖果，特别好吃，啥颜色的都有，我很开心地说了声谢谢。老师特别辛苦地教我们说英语，我的英语水平逐渐上升。外教每次给我们写字的时候，每次问我们问题的时候都会跪下，我被老师感动，眼泪流下来，滴在桌子上。老师还有几天就要走了，我们很舍不得老师，我们班有几个同学都哭了。

老师记下了我们的英文名字，我也记住了老师的名字，我收获了很多，英语水平也提高了很多，我很高兴有机会来参加我们的全封闭外教夏令营。

最后，即将离别时，我们和外教拍了一张照片，我们四个人一起拍的照片，我们舍不得老师，流下了眼泪。在这里，我要再次对我的外教说："我爱你，我舍不得你，我会记得你的。"

魏僧寨中学　0340325　马月萍

Cassie和孩子们合影

我们的英文老师Cassie是一位很敬业的老师。我们刚来的时候，老师为了便于认识我们，为我们准备了英文名字，并且一个一个地用我们喜欢的颜色把名字写在我们的纸上。7月的石家庄很热，老师出了一身汗，却没有停下，以致后来她得把披在肩上的秀发盘起来。她累了，但她没有停下，而是选择跪在地上，继续为我们写，当时我就愣在那，心中不断地想怎样用英语告诉她："老师，你休息一下吧！"可考虑到我糟糕的发音，我没有说，现在想起来真是愧疚。

所以我们要敢于表达，善于表达，给他人送去温暖，给自己留下一片蓝天。

涉县鹿头中学　0370088　连佩瑶

2017.7.19

我们的外教是Cassie，她有棕色的头发，蓝色的大眼睛。She is very beautiful. 在这五天里，她教给我很多东西，让我认识到原来自己的英语这么差，也让我更喜欢学习英语了。Cassie的英语非常标准，她怕我们一直上课会很无聊，就经常带我们做一些关于英语的小游戏。Cassie一直很准时，从来没有误过我们的课，在这里我要向Cassie说一声谢谢。

最令我印象深刻的一件事是Cassie不让我们叫她teacher，让我们叫她Cassie，她说她把我们当朋友，所以我们也要把她当朋友，谢谢Cassie送给我的英文名。My English name is Amy.

临城二中　0520143　宋晗熙

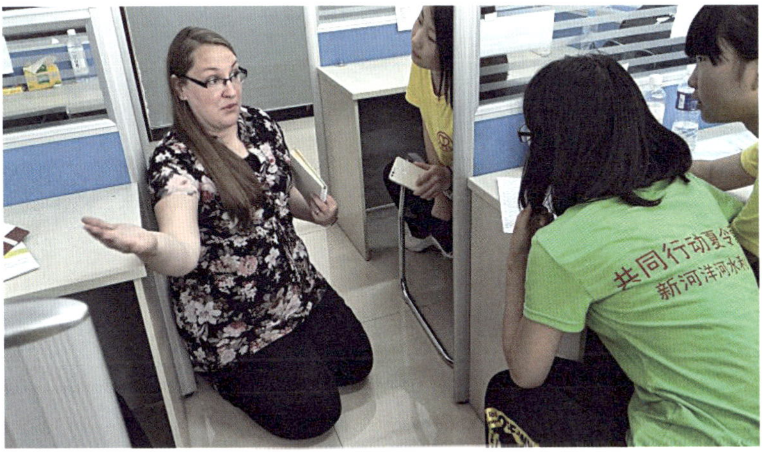

Cassie跪着和孩子们交流

时光飞逝，转眼间已经过去七天了，感觉时间过得好快，从遇见外国老师Cassie到昨日的告别，这中间有许多有趣的事。我感觉Cassie并不是一位老师，而是我们的朋友和伙伴。我们一起学习，一起尽情玩耍。在昨日的告别中，我只感觉那又是一个游戏而不是真的要分离。但感觉终究不是事实，此刻我很不舍，但天下没有不散的宴席，你要走，我并不挽留。

另外，我自己在这七天中也改变了许多，比如一开始我不知道怎样用英语交流，并有些紧张。现在，我感觉我可以通过动作的辅助和Cassie进行沟通了，我很开心。可以说这是我这个暑假最大的收获。

另外对各位志愿者我也十分感谢，因为所有地方都有志愿者

任县中学帮扶点参加夏令营的孩子们和带队老师王朋燕（志愿者）

的身影。我感到了温暖。

还有早上的锻炼。以前在家我基本不运动，作息也很不规律，但来到夏令营后，我每天早上都会和朋友一起打球，感觉生活也充实了很多，而且每天会有新的教练，我可以选择喜欢的运动。

我会记住这个美好、与众不同的夏令营，谢谢。

任县中学　0810012　孟雅冰

看谁音标掌握得精准

我真的很高兴能成为共同行动的一员，自从我进入共同行动的那一刻起，我就知道我加入了一个新的大家庭，这个大家庭有非凡的意义，它要求我们努力上进，尊敬师长，与同学互帮互助，它要求我们成为一个好人，一个有爱心的人。其实，做一个好人，做一个有爱心的人并不难，只要我们有这份心。

参加共同行动夏令营以来，我觉得我真的学到了很多，也收获了很多：打扫公共区域，体现的是个人的品德；不浪费食物，体现了我们珍惜食物和工作人员的劳动成果。

以前，我觉得学习英语是一件很无聊的事。不学英语，我也总是班级前几名，我就想，学了也是那样，不学也是那样，学了又好不到哪儿去，不学也差不了多少，所以索性就不听那无聊的英语课了。我的老师是Cassie，她是一位很逗很漂亮的老师，她带着我们在玩中学习英语。有好多单词、词组、句子啊什么的，我们一起做着游戏就学会了。她并没有带我们去遨游知识的海洋，因为时间有限，她教不了我们太多，但通过这几天的学习，我觉得英语是有趣的，也很容易，也许这些感受都是Cassie带给我的吧。我很喜欢她，她是我们的一位大朋友，是一位很有趣、很漂亮、很认真、很善良的老师。

共同行动是一个大家庭。它给我们提供了优越的学习环境，让我们与热情、可爱的外教相遇，教给我们很多大道理。我们喜欢这个大家庭。感谢共同行动，我们永远喜欢这里。

威县二中　0830020　孙国香

我的外教Emily，白白的皮肤，金黄的头发，有一双蓝色的眼睛，是一个美丽又可爱的美国姑娘。我们的英语水平都不高，很多时候都听不懂她在讲什么，我们会说："I can't understand."她从不生气，而是一遍又一遍地说给我们听。在课堂上和我们做游戏时，她总是用一些夸张的表情让我们哈哈大笑。这是我第一次遇到外国人，并在一起相处了五天之久。我们和外教早已建立了深厚的友谊，分别对于我们来说都是伤害。Emily留给我们她的邮箱，希望善良而博识的她可以在地球的另一端过得很好。

七天的夏令营不仅仅教会了我们知识，更教给我们养成良好

短暂的夏令营就要结束了，孩子们与外教们拥抱道别

习惯和拥有纯真情谊的重要性，开阔了我们的眼界。到了分别之际，我内心非常舍不得，这个夏令营承载了太多——我们的汗水和欢乐，也记录了我们和外教在一起的点点滴滴，而这些恰恰是最难用语言描述的。希望我爱、爱我和心中充满爱的人，都可以自信、真诚地度过生活中的每一天。

赞皇中学　0150369　米婷伟

2017.7.22

我的外教叫Emily，她的课堂十分欢乐，她讲得也十分精彩。她能让我们融入课堂，有时我们听不懂她说的句子，但她从不发

Emily和学生们一起搞怪

Emily

脾气，总会耐心地给我们讲解，有的时候她还会让我们自己进行交流，当课堂气氛不好时，她会带我们进行一个有关英语的小游戏，简单而充满快乐，她也会用肢体语言进行讲解，还教了我们英语歌曲，尽管和她在一起的时间不算太长，但她给我们带来了欢乐，让我们明白了英语不是我们想象中的那样晦涩难懂。她的讲解不同于中国老师死板的讲课，因此更能带来欢乐，引起学生的兴趣。希望以后还有机会见到她。

这次活动丰富了我的人生，让我的人生更加精彩，让我见识了更多，开阔了视野，对于未来更加向往，感谢共同行动给予了我这次机会。

Emily，thanks，I will miss you.

虽然只有短短几天，但我不得不承认，您真的挺好。时至今日我还清楚地记得，那天，您让我们给自己取一个英语名字，我坐在边上，那一排也仅有我一个人，当全班传一根水彩笔并用它在纸上写上自己名字时，我想："完了，他们肯定会忘了我，忽略我这个人吧。"可让我惊讶的是，您亲自把笔递给我，让我写上自己的名字，说实话，我很感动。

我是一个存在感很低的人，当然我也并不介意别人忽略我。每次同学们玩游戏时，我都会在座位上安静地看着。我以为，我被这个世界忽略了。可是，我的巨型天使来了（我们的外教很高很胖），她不止一次地问我："Do you want to try？"我顿时感到我也是这个班的一分子。

饶阳中学　0160413　王天赐

我有幸参加了共同行动举行的2017年全封闭外教夏令营，这次夏令营真让我收获多多，有机会和来自各地的同学进行交流，并进一步互相认识与了解。

当我坐上车时，内心无比激动，同时心里也有一种说不出的感觉，因为毕竟这是我长这么大第一次出这么远的门，也是我第一次参加夏令营，还是外教夏令营。当我坐上车时，我的心里充满了好奇与激动，也有对短暂的外教夏令营的憧憬。我们坐了几个小时的车，虽然刚下车时感觉很累，但是一走进这美丽的校园就把所有的累都抛到了脑后。

我走进校园，首先进入的是宿舍。当我疲惫地拿着行李走进宿舍时，一看到宽敞的宿舍顿时感觉我之前受过的所有的苦都是值得的。因为我们来到这儿的时候已经是中午了，所以接下来当然就是去吃午饭了。当我打上饭后，我就想这不就是我们平常家里吃的米饭和菜吗，可当我尝了一口后就感觉像是吃到了天底下最美味的食物。之后这几天更让我感到意外的就是每餐的食物都不一样，而且还都很好吃。

第二天我们如愿以偿见到我们的外教，而且我们的两个外教都特别有意思，他们的性格完全相反。Emily是一个非常活泼的外教，Jacob是一个非常腼腆的外教。虽然他们的性格完全不同，但他们的教学方式都非常有趣。他们做的第一件事就是给我们每个人起了一个英文名字，我的英文名字是Amy，翻译过来就是艾米。我非常喜欢我这个英文名字。他们的教学都非常生动有趣，不像我们中国传统的教学，他们让我们每天都玩几个游戏，但不是单纯玩游戏，而是让我们从这些游戏中学习一些知识，他们也给我们纠正一些我们经常说错的单词。我最喜欢的就是每天下午的课，因为每天下午都有惊喜。而且他们都非常放得开，不管我问他们什么问题，他们都会耐心地一一回答，我非常喜欢他们。

还有一个惊喜就是我来夏令营后学会了两种语言，一种是英语，另一种就是内蒙古的方言，虽然我只会说几句，而且说得不一定标准，也不知道怎么写，但我非常开心。这几天，每天早上都有不同的教学项目，每天晚上都有不同的精神大餐，都让我受益匪浅。

快乐的时间总是过得很快，马上就要和你们说再见了，还真有一点舍不得，但我非常谢谢你们在这短暂七天里对我们的帮助。

临西二中　0050305　于明玉

寓教于乐的课堂

踏入夏令营大门，我们开始了我们的夏令营之旅。我们拥有了新的营服、新的宿舍、新的班级，也结识了很多新的朋友。分好班级后，我们便迎来了我们的外教。我的外教给我起名Mia，虽然不太了解这个名字的含义，但我已经深深爱上了这个名字，因为这个名字在这短短的几天里给我带来了很多的故事。

初见外教，尽管是陌生的，但是我们能感受到外教炽热的心。他们是热情的，就像一团火。我的外教是Emily和Jacob。Jacob是一名刚大学毕业的大哥哥，因为缺乏经验，他经常去请教Emily。他非常努力地带动我们。Emily就像大姐姐，她很外向，总是很有耐心地跟我们解释我们所不懂的地方。有时候我们能够看出她很累，看到她咳嗽，我们都很心疼。美好的时光总是很短暂，昨天他们和我们告别，我很难过。同学们都和他们说了很多话，而我却不敢靠近，坐在一旁哭了起来，哭得很懦弱，但我就是忍不住。Jacob送给我他画的“电男人”，他说“电男人”是他创造的。

和朋友们在一起的时光也是美好的，我经常会想如果没来参加这次夏令营，也许我这一辈子都不会认识他们，更不会有这样的美好经历，很开心我做了正确的决定，也很开心共同行动给了我这样的机会。我想我要好好学习英语，也许有一天还能和他们相见。

威县二中　0830002　高放

有一个对我来说非常难忘的经历：我从小不擅长画画，现在也不太喜欢画画。记得那天绘画课看到第一幅画那么复杂，我便失去了耐心，好不容易将第一幅画完成了，可以休息了，我便快速拿起手机来看。没想到休息完了，还有一幅要画。明知休息时间已经结束，我还是不忍心放下手机。很快Emily发现了，她过来拿走了我的手机，将我的手机交给了我的外教Jacob。昨天拍完合影后，我发现手机相册里多了张照片——Emily和Jacob的合影。看到这张照片，我马上想起了那天我的手机被没收的事。是呀，上课玩手机是不对的，即使是绘画课，即使我对画画不感兴趣，我也不应该那样做。老师并不要求我们画得多么好，要的是我们的态度，上课看手机是对老师的不尊重，我想我欠老师一个道歉，我想对老师说一声："I' m sorry."

我们的外教Jacob是一个非常好的老师，我们都很喜欢他，他是所有外教中最年轻的，比我们大不了几岁。或许正是因为年轻，他面对我们时也有些羞涩。那天我们坐在教室里交谈，他说他面对我们时很紧张，因为他也才大学毕业，他认为他不是一个好老师，他不能很好地教会我们很多。听他说这些，我哭了，眼泪流了出来，我觉得Jacob很不容易，他很辛苦,很负责，他总是说我们很聪明，说我们很棒，即使我们听不懂，他还是不断地鼓励我们。我们中级四班所有学生都认为他是个好老师。知道外教今天就要走了，昨天我们为我们的外教Jacob唱了两首歌。一首是《一笑倾城》，唱完以后，我们用英语告诉他歌名，用英语告诉他我们唱这首歌是因为我们不想分离，我们想和他一直在一起，他是一个好老师，我们认为他很棒，我们爱他。还有一首歌叫《多幸运》，我们都觉得我们很幸运，因为能参加夏令营，能遇到Jacob。Jacob在白板上用中文给我们写了几个字，写得很好，他写的是“你们是学生，你们的英文很好，我想你们”，我们为他改了错字。我们都认为虽然有错字，但是感情是真挚的。拍完合影后，我们又回到教室，我们是真的舍不得他，Jacob给我们一人一块奥利奥，礼轻情意重，我们相信虽然我们只相处了几天，但我们永远不会忘记彼此。

深州一中　0110325　康瑶

2017.7.22

今天7月22日，已经是我们接触外教的第六天，也是我们在这里的最后一天，时间过得真快，第一天我们哪儿也找不到，只能跟着大部队走。现在，我们可以独自到任何地方，我们刚刚熟悉了这里的一切，可是我们就要离开了，心中万分不舍。

想想我们的外教，尤其是我们的老师Jacob，我认为他是一个特别好的老师。还记得第一节课，Jacob说：“I need some chairs. Where are the chairs? ”我们什么都听不懂，但Jacob并没有生气，并没有烦躁，他一遍遍地重复，直到我们听懂了。他是那么有爱心，那么有耐心，我们都非常喜欢他，他是我们中级四班的好老师，而现在我们可以流利地用英语和Jacob

交流了。我们还问了他好多问题，他都耐心地为我们讲解。He is a very good teacher. We all love him, thank him for teaching us so patiently, we will never forget him, how lucky we could meet him.

深州一中　0110395　郭雪荣

2017.7.22

时光过得飞快，仿佛刚刚来到这里就要分开。在夏令营的这几天，我过得非常开心，非常快乐，这里的所有人就如同家人一

魏僧寨中学帮扶点参加夏令营的同学及带队老师赵俊坤（专职志愿者）、崔晓晓（志愿者）与外教合影

样互相关心，这使我感到非常温暖。我们的外教Jacob很好，他不仅会努力、耐心地教我们英语，尽量用英语给我们解释清楚，让我们明白，有时候他也会给我们说中文，而且会非常认真地练习中文，然后再说给我们听，我觉得Jacob真的非常好。上次上素质教育课的时候，有一位老师说如果英语的最高级是10级的话，那么我们才1.5级，我们在学校里学了5年，才1.5级，而我们的老师Jacob只学了一年半中文，中文就已经到了2级，我觉得我们的老师Jacob非常棒，我为我被分到这个班而感到骄傲，我非常舍不得Jacob。

如果没有共同行动这个组织，我们就不可能来到这里，更不可能遇到我们的外教——Jacob，所以我非常感谢共同行动。它不仅给我们创造了一个良好的氛围，也增强了我们的自信和勇气。

魏僧寨中学　0340342　韩巧娅

一周很快就过去了，明天就要走了，心里很是失落。在入营的这几天里，我看到每个人都很投入。大家的热情带动了课堂的气氛，外教的友好和对学生的热情让我们一生铭记。

我们班的任课外教是Jacob，一个非常帅气的老师，我们都很喜欢他，他很幽默，课上笑声不断，让我们学到了很多知识，不用刻意去记，知识就已经深深刻在脑子里了。Jacob很快就和我们亲近了起来，我们知道了他的年龄、爱好、家乡及他的妹妹，他还给我们看了她的照片，金色的头发，蓝色的眼睛，很漂亮。Jacob的眼睛是绿色的，大家凑上去看他的眼睛的时候，他还是很淡定！昨天，他和我们说："明天我就要走了，9：20就走了，要去北京。"班里人人叹息，下午有的同学给Jacob唱了歌，唱着唱着就哭了，泣不成声，悲伤的气氛感染了多愁善感的女同学，包括我，每个人眼里都有泪光闪动。Jacob一直在说："Don't cry，I'm sorry."但是不知道为什么，他越说我们的悲伤越重，等到大家都平静下来，我们请Jacob在我们的衣服上签名，我们一起照相留作纪念，互加微信，永不相忘。

有的同学说："I think you should look for your girl-friend, when you find her, you must take a picture and send it to us."他回答："OK."通过这几天的相处，我们体会到外教的心是火热的，他们真心对待每一个中国学生，他们把精力与感情投入到我们身上。谢谢你们，我们生命中最难忘的人——外教。

Jacob给孩子们签字

深州市旧州中学　0130179

徐雅雅

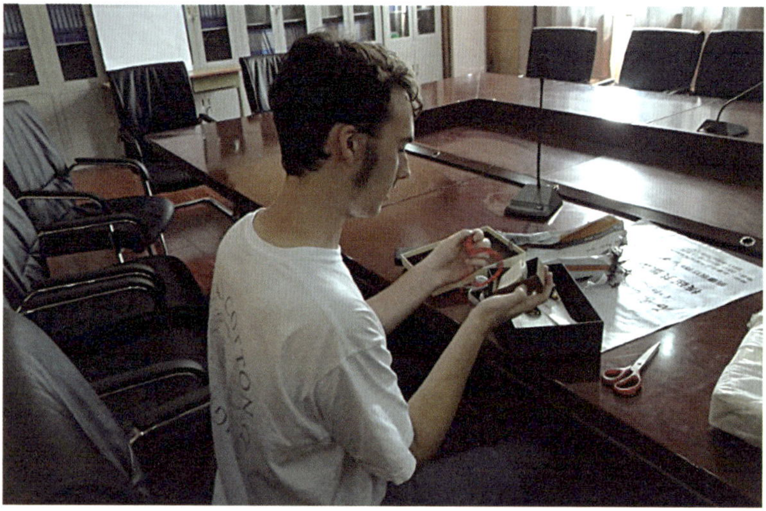

学生寄给Jacob礼物

来到夏令营令我们感触最深的就是我们亲切、可爱的外教。每一个外教都有自己的特点，尤其是我们帅气的、腼腆的Jacob，他是所有外教中最年轻的，1996年出生，他其实只比我大四岁，比起其他外教，应该说他是一个腼腆的大男孩儿。昨天最后一堂课有个女生给他唱《追光者》，唱着唱着竟流下了眼泪，然后大家一个又一个都流下了眼泪，Jacob拿着我们给他的歌词不知该做什么，但我从他的眼睛里看到了担心与心痛，他可能真的不知道该说什么，只能反复重复那一句“Don’t cry”。在这七天中，我们见过他开心，见过他担心，见过他像小孩子一样在黑板上写下一个一个汉字，见过他害羞，见过他不舍，见过很多，他会认真询问我们一些汉字的写法，一些英语单词的汉译，遇到真的不会的、忘了的，他也会说一句：“Oh, I forgot.”他会努力记住我们的名字，也会一直鼓励我们。营期结束，Jacob，你会再遇见一群像我们一样的孩子，或许你会忘了我们，但是，我的生命中只有一个你出现过，所以我会永远记得你，也会永远想念你。

深州市旧州中学　0130217　贾晓宇

2017.8.6

现在我想聊一聊我的老师Joel。刚见到他的时候，我惊呆了，他非常的热情，也非常的可爱，我每次见到他都很想笑，因为他特别高，有一点胖。在这里我们有许多游戏可玩，在完成20个任务的时候，我们和外教站在一起拍照。和外教们在一起生活了这几天，我变得更加开朗、更加活泼、更加爱说话了。我喜欢和外教们聊天，尽管有一些词语我不懂，但他们会通过他们丰富的肢体语言帮助我理解。我很感谢他们，也很感谢共同行动的志愿者们！

馆陶一中　0360345

贾晴晴

Joel与志愿者合影

今天是2017年7月29日，也就是我们要离营的前一天。这个月23号上午来的时候怎么也没有想到这短短几天会给我留下如此深刻的印象。记得来的时候有一位老师说："欢迎同学们回家！"说真的，当时没有什么触动。时至今日，才觉得这里确实像家一样温暖，这离别的日子不免让人心生诸多不舍与眷恋。

昨天下午和外教们玩过游戏之后，我们中级一班的学生又回到东楼五楼，也就是我们的教室。Joel也回来了。然后我们一起做游戏。游戏规则就是由一个人想一个英语句子，不要说出来，每一个单词有几个字母就画几个短横线，然后由同学们去猜这句话里有哪几个字母。同学们可以猜一个字母或者猜出整句话，但是不可以只猜一个单词。

第一个是Joel写的，我们认为它太长了，但最后还是猜出来了——You are my brightest class so far. 接下来是同学写的句子，别人还没有猜出一个字母的时候，我就猜出了整句话——We all love Joel. 大概这本来就是不需要猜的，这就是我们中级一班所有同学想要对Joel说的心里话。

许多外教都给我们带来了欢乐，比如我们的Joel、Linda、Cassie，真心向他们说一声谢谢。

馆陶一中　0360311　赵洪瑶

入夏令营三日，略有感受。

加入此次外教夏令营最大的感受就是我学了这么多年英语，

除了考试之外，总算还有点用武之地，那就是和外国人交流。说实话，沟通真的是一种很重要的能力，而敢于交流、善于交流又是两种境界。

能加入夏令营，我感到非常幸运。能和真正的外国人面对面地交流真的是一种享受，当我第一次用蹩脚的英语跟外教交流时，内心真的特别紧张，生怕说错了闹笑话。但后来随着一次又一次的尝试，我发现说英语其实也没那么难，就是要用心一点，把自己的想法大胆说出来就可以。在适当的时机勇敢展现自己便是迈向成功的第一步。

而且我还观察到外教们的与众不同，他们非常活泼，想象力丰富，表达能力也很强，能将自己心中所想准确传达给别人。他们总爱问为什么。

我非常喜欢我的老师Alice和Joel，他们总是鼓励我们去尝试。

未来的我会更加努力，会做更好的自己。

吴桥中学　0060255　吴爽

外教的名字我至今记不全。Joel是我的外教之一，他很幽默，也非常贴心，像大哥哥一样教导我们。在他的课堂上，我知道了什么叫自由，什么叫公平。他给每个人发言的机会，给所有人相同的友善。Alice是个很可爱的大女孩儿，她喜欢在我们中间溜达，她会和我们面对面交流，她会卖萌！她甚至有微信账

080清河中学帮扶点参加夏令营的同学合影

号。Mike（我也不知道是不是这么写）不是任课老师，但他经常到每个班转悠。他是最有趣的，还会些中文，对单词的描述也很形象，常常令人捧腹。

学校其他老师也非常体贴。每晚都有素质教育之类的课，还有许多活动。每天的晨练虽然累，但让我学会了很多自保的方法，也让我的身体得到了锻炼。

谢谢共同行动给了我这次机会，也谢谢所有人对我的帮助，期待接下来的几天。

清河中学　0800019　张文静

说到课堂，说实话，Alice和Joel并不是我想象中的老师。第一次见到Alice和Joel时，我心中甚至还有些失落，可是，后来就不这样了，因为他们两个都很热情，鼓励我们去问问题，鼓励我

Alice和Joel班级合影

们主动用英语和他们交流。我觉得他们两个各有特点，前者比较活泼，而后者更为成熟。我觉得这次最大的收获，就是在英语发音方面有了很大的提高，还有一些错误的句式也被纠正过来了。虽然只有短短几天，但是一想到即将分开了，又不知道何时才能与外教们相见，心中难免有些难过，有些不舍。不过，我相信，只要我好好学习，一定有出国的机会，到时我一定会和他们再见。

每一堂素质教育课也都能带给我们许多知识，而这些知识是我从书本上学不到的。就拿留学过的老师讲的一堂课为例吧，他告诉我们出国如何倒时差，如何与美国学生交流以及如何更好地适应国外生活等。我觉得这是一笔精神财富，我受益匪浅，我以后出了国就会用到这些知识。

总之，感谢共同行动给予我参加这次夏令营的机会。

吴桥中学　0060255　吴爽

外教Mike单膝跪在地上，降低高度与同学生们交流

我非常感谢共同行动给我们这个机会，我在学习英语的同时，锻炼了身体，也提升了素质。

第一次见外教的时候，看着他们雄伟的身姿，我内心不由得生出一些畏惧感，他们平均身高1.8米，Joel老师更高达2米。但是在沟通的时候，外教为了跟我们平等交流，竟跪下来与我们交流，让我们变得敢说了，原来与老师沟通也没有想象中难。因为他们不会讲中文，所以我听的时候更认真，他们讲得也更清晰。这提升了我的口语，又锻炼了我的听力。

我非常感谢共同行动，以后会更加努力的。以后我也要当老师。

我收获了很多感动的瞬间，在课上有尽职尽责的外教，他们真的很敬业，我们的Mike老师为了和学生更好地交流，竟然跪在地板上。在食堂，辛勤的厨师四点就起来准备早餐，温暖我们空虚了一晚上的胃。在宿舍，我们有漂亮的带队老师，还有年轻的志愿者哥哥姐姐们为我们保驾护航。

我真的十分感动，共同行动给我家一样的温暖，给我爱，给我呵护。

涉县原曲中学　0590079　秦金坤

2017.8.5

一周很快就过去了，刚开始几天或多或少会陌生、害羞，和外教面对面交流还有些许不适应。到了第三天，慢慢熟悉了，也大方起来。可也只剩下两三天了。第四天突然意识到明天也许就再也见不到外教们了。真的不愿分离，好不容易收获了满满的爱，却马上要分离。Alice,Mike,他们都很好,我们也很爱他们，舍不得。

还记得昨天Alice嗓子不舒服,Mike给我们上课。看着Alice不说话很难过的样子，我们很担心。有一天她没在班里，我对她说：“I hope you get better.”她很开心。Mike老师教了我们一天，他很幽默，我们也都很喜欢他。对了，之前Mike还给了我一瓶可口可乐，我还珍藏着瓶子。

今天，也就是8月4日，是我们和外教在一起的最后一天。今天上午我们做了一上午的卡片和游戏。我分别为Gordon和Mike以及Alice做了礼物，为他们每个人准备了一封信。Mike读了那封信。很庆幸Mike可以看到并喜欢这份礼物。Alice非常可爱，我爱她，我和她拍了合影，她的笑容真的非常温暖，她贴心地准备了记号笔来为我们签名，还告诉我们她的微信号。哈！很开心还可以有一个联系方式。

我想着总该有一个送别晚会吧。但有的只是突如其来的分别。最后一节课，我们和老师比赛了英语绕口令。谁念得快，谁就有糖吃。同学们都非常努力。我得到了五颗糖，没舍得吃。下课了，也就是说还是要分别，想起刚来时Mike告诉我们“你们会哭的”。真的，果然控制不住，眼泪刷刷地就掉了下来。我知道我们彼此真心相待，一次又一次地拥抱，一遍又一遍地说：“I'll miss you.”同学们都说“不要哭”，用的是我们刚来时Mike的语调。Alice也非常舍不得我们，我问她要了一个纪念品。

还有很多的点点滴滴，相信很多年以后仍是无比珍贵的回忆。

涉县原曲中学 0590096 高雅菲

2017.8.6

不知不觉中，夏令营已经接近尾声，我们和外教由开始的陌生变成现在的熟悉。一想起马上就要到来的分离，我们难舍难分。

和外教在一起的几天里，我们渐渐发现他们并非我们想象的那样。他们风趣、幽默、好相处，给予我们无限的关爱，给我们带来无穷的欢乐。我深深地爱上了他们，也爱上了英语。

Alice

Alice是我们的外教，她非常可爱，高高的，看上去肉肉的。她上课的时候十分有趣，将枯燥的知识带入游戏，使整个课堂都灵活起来了。她永远都在笑，让我们回答问题时一直说："Good job."最有趣的是每当我们回答对后，老师都会给我们一颗糖，这颗糖不仅甜了我的嘴，更化了我的心。

星期四那天，Alice生病了，嗓子疼，看着她那委屈的表情，我心疼极了，后来是Mike给我们上的课，Alice一直在旁边坐着。虽然Mike很幽默，也很帅气，但我们仍然担心Alice，看见她的时候，我们都不由自主地抱了抱她，希望她能快点好起来，跟我们一起上课。

星期五，上课铃声响了，当Alice走进教室的那一刻，我们都欢呼雀跃。当看到Alice脸上的笑容时，我们心中悬着的石头终于放下了。这一天我们过得很开心，开心到连下午的离别都忘了。快乐的时光总是流逝得很快。下午，Alice看起来不太高兴，我们才想起这是最后一个下午了，空气瞬间变得很沉重，但Alice带我们做绕口令的游戏，我们又活跃了起来。"叮叮叮"，讨厌的下课铃声响了，我们纷纷跑上前拥抱Alice。

通过这次夏令营，我学到了很多东西，很感谢共同行动给了我这次机会。外教们，希望我们以后还可以再见，不要忘记我们。

最后祝共同行动越办越好。

涉县原曲中学　0590097　吴雅倩

2017.8.5

7月30日，我们一行人怀着激动的心情来到石家庄参加2017年共同行动外教夏令营。

刚刚到达这里时，我们对一切都充满了好奇，更急切地想见到外教。换上营服，心里的自豪感油然而生，各位志愿者和带队老师的亲切关怀和问候更是让我们心头一暖，离家的不适转眼间烟消云散。晚上的开营仪式中，三位外教的幽默更是让我们对第二天充满期待。

7月31日是开营后的第一天，我被分到初级四班，结束了热闹的文体活动和早饭后，我和同学们都早早地坐在教室中，焦急地等待外教到来。伴随时间的流逝，一位胖胖的外教推门而入。说实话，看到她的第一眼，我心中有些失望，毕竟我心中的外教都是身材高挑配上金发碧眼。

认真观察老师发音

但是，外教非常可爱，我也变得十分开心。在课上，最令人感动的是每当我们回答老师问题时，老师总是面带微笑，耐心地听着，并努力跟我们交流。当我们问老师问题时，老师有时竟会跪在地上与

涉县原曲中学帮扶点参加夏令营的同学及带队老师王秀芳（专职志愿者）与外教合影

我们交流，这让我们十分感动。无论我们回答得好不好，老师永远微笑着表扬我们。老师很幽默，老师如此可爱，让我觉得这次没白来。

很高兴共同行动给我这次机会，愿共同行动越办越好。

涉县原曲中学　0590097　吴雅倩

Alice是我们的外教，她十分可爱，她高高的，有一点肥，一身紧身衣，总给我们萌萌的感觉。我认为她真的很萌。她十分可爱，她经常笑，即使上课时有些人在玩，她也会说："Good！"她给我们发糖，教我们说绕口令，陪我们玩游戏，我认为她真的很好。

Mike在Alice失声时教了我们一天，他送给我们一个拼图，我用一晚上的时间拼好了，我很开心。他真的很幽默，他说我是他的joker，我很开心。

Alice和同学们及带队老师合影

Mike替Alice上课那天，Alice病了。她咳嗽时，我心里不由得一抽，我特别心疼。希望她能快点好起来，我们拥抱了她，并说："I hope you will get better soon."她很开心。

她就像一颗星星，虽比不上太阳，但足以为我照明。

时间太快，七天已经从我的指尖溜走，我却抓不住它，我一定会想念你们的。

涉县原曲中学　0590102　戎佳露

2017.8.6

今天是星期三，一眨眼已经过去三天了，真的要感叹一句："真的是时光匆匆啊！"该怎么形容这种感觉呢，真的有种新生的感觉。我脱胎换骨，整个人都不一样了。

Joel看学生们写给他的纸条

说实在的，最让人印象深刻的就是外教的课堂真的非常非常吸引人，太赞了。我们中级一班一共两位外教，一位是非常活泼可爱的Alice，她真的超级有感染力，在她的课堂上，我们总能充满欢乐。另一位是Joel。说真的自从我看过大白后，外教Joel就和大白画上了等号。如果他再换上白色的衣服，就真的超级像。He is so cute！真的很可爱。不过最让人记忆深刻的是另外一位有趣的先生，Mike。他真的很有意思。我们有幸和他一起度过了一节有趣的课，他的教学方式不仅容易吸引学生的注意力，而且成效显著，那一节课真的让我受益匪浅。

任县中学　0810016　吴玉涵

Linda和孩子们合影

昨天，我们的外教Linda女士回国了。我们班每人都给她写了一封信，她把信拿在手中爱不释手，好像宝贝一样。她的课很有意思，她用幽默风趣的教学方式和夸张的肢体动作给我们上每一堂课，Linda也会给我们小惊喜，如果我们回答正确，她会奖励我们糖果，说“Good job”“I love you”。昨天她也给我们每位学生写了信。一位68岁的女士要花多少时间来写呢？我们只用写1封，而他要写30封；我们只了解她1个人，但她却了解我们30个人。我们真的应该向她学习。

馆陶县实验中学　0350492　李梦涵

我想说说我们班，我在中级三班，在我看来，我们是最幸运的，因为我们有两个外教，还有好多可爱的同学。在课堂上，我们每个人都非常活跃，老师们即使再累再热再不适应也不会耽误我们一分钟，准时上课，想尽方法活跃课堂气氛，让我们都爱上课堂。当我们听不懂时，老师比我们还着急，老师会画出来，会表演出来，尽力让我们听懂。老师——Linda，Joel，非常感谢你们，或许以后我们永远不会再见面，但是遇到你们是我最大的荣幸。I love you!

昨天是我们上课最后一天。从昨天下午开始，我便一直克制自己，因为我非常多愁善感，我一直想哭，但又不敢哭出来，我想给外教留个好的印象。现在，我真的控制不了自己的感情了，写着写着就哭了出来。没办法，就这短短几天的上课时间，我已经爱上了我的外教——Linda。上课时老师经常提问，每次提问她都点Caha——我的英文名字，不论我说得怎样，甚至一个句子出现多处语病，Linda老师都会说一句："Very good!"这给了我极大的信心，所以我每次都抢着回答问题，即使我不是很懂，我也会说上两句，老师会帮我指出错误并帮我改正。昨天上课老师教了我们一首歌，是一首美国儿歌，我们都学得非常认真，后来我们又给Linda写信，老师给我们准备纸还有贴画，我们都尽力去写，去画，把老师也感动了呢!

外教们特意从美国带来的教具

不知不觉上午就过去了，下午我们就只剩两节课了，第一节课我们还在照常上课，第二节课我们是做游戏。可是我还没有反应过来，两节课已经结束了，我们该到楼下合影了。从未觉得时间过得如此快，以前在学校会有种度日如年的感觉，而在这里却感觉光阴似箭，真的好想让时间过得慢一些，因为我真的好舍不得我的Linda老师。

回到教室，老师让我们收拾东西，Linda老师在上面为我们分礼物，Linda老师给每个人都写了两句话，上面还有她的签名与家庭住址，老师还发给我们一人一个小礼物，真的特别开心。“Linda,I love you.Linda,I love you.Linda,I love you.”重要的事情说三遍。照完合影，分完礼物，之后是最后一个环节——我们与外教一起包饺子，我们做起了小老师，我们也教得非常用心，但是非常遗憾，外教们要回大本营，没能吃上我们亲手做的饺子。

Linda和孩子们一起包饺子

时光飞逝，明天我们就要离开了，想想我们这一周，每天从跑操开始，然后是文体活动：健身操、跆拳道、空竹，我都学习了一些皮毛，这一周我的收获真的非常大，现已接近尾声，祝愿老师们、同学们都开心，祝共同行动越来越好。

华丽词汇我没有，最美的祝福送给你。

深州中学　0120233　郑茹

时间过得好快啊，一转眼就过去三天多了。记得来夏令营的第一天，我什么都不懂，甚至刚到学校门口就有了回家的冲动，觉得这里让我不舒服，有这么多的规矩，身边突然没有了父母的爱也让我觉得非常不开心。直到正式开营的那一天，我见到我们班的外教——Linda。Linda老师非常热情、大方，给我们全班起了英文名字，我的英文名字叫Lucy。上课时，Linda老师非常幽默，让我觉得英语原来如此简单，用英语沟通原来那么容易，我在这里渐渐找到了家的感觉，真的很喜欢外教和共同行动这个大家庭。

在这个如此大的家庭中，我感到从未体验过的人与人的爱，我也很喜欢融入这个大家庭，虽然我们相处的时间很短暂，但我会格外珍惜这剩下的时间。

我们每天8：30上课，现在上课感觉不一样了，我巴不得以后每天都有外教来为我们上课。Linda老师在这三天里，教会我们珍惜、爱、知识，共同行动的同学们教会我友爱、感恩，我很珍惜这剩下的几天。

我会和共同行动大家庭一起努力，我爱你们。

馆陶县实验中学　0350476　武子博

在共同行动举办的夏令营里，我感触很多，幽默的外教让我忍俊不禁，餐厅里默默付出的叔叔阿姨们让我感受到粮食的珍贵。

我的外教是Linda，她的教学风格很独特，在Linda老师的课堂上，老师和同学们的地位是一样的，这让我感到了放松和自由。她的头发很白。她始终保持一种乐观向上的心态，这也是值得我学习的一点。她会在讲课时和我们开玩笑，一边写字，一边哼歌，还会与我们互动，她不会批评学生，我们即使有过错，她也只会开个玩笑逗得我们哈哈大笑。

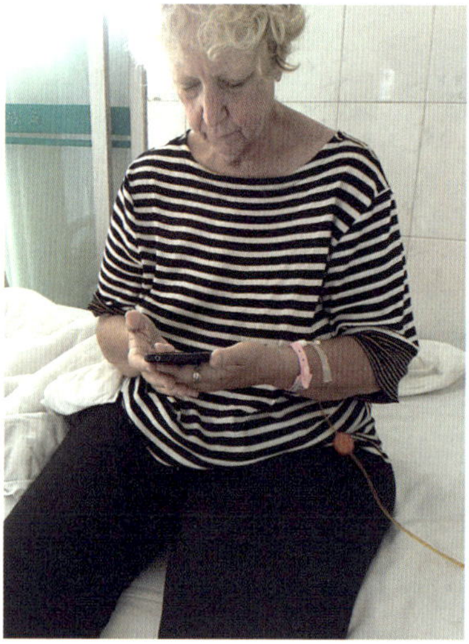

linda生病了，孩子们给她发来祝福

我刚上课时听不懂老师讲的是什么，但现在好多了。老师会给我们讲许多事情，比如，她来中国后，下飞机时不小心将腿弄伤了。但她依然坚持给我们上课，这让我很感动。老师已经68岁了，但她在心态上仍然像一个小孩子。

在Linda老师的课上，我感受到放松、畅快以及自由。

馆陶县实验中学　0350548

崔润欣

MS.Hopkins认真地给孩子们批改作业

昨天我们合影意味着我们就要分别了，真的好舍不得我们的老师Ms.Hopkins，虽然她已59岁，但我觉得她很可爱。上课我们不理解时，她给我们做的动作和表情是那么的有趣，到现在我还记忆犹新。我喜欢Ms.Hopkins，喜欢她在黑板上画画，更喜欢她用不同的情感读同一句话，我最喜欢她带着伤心的语气读，我们笑得前俯后仰，但根本模仿不来。我还喜欢她的教育方式。昨天几乎忘了是和外教在一起的最后一天，以为还有很多天。这周真的过得太快了，真的好舍不得这位老师，好舍不得，我一直想和老师拥抱，但最后时间太紧没能实现，好想哭啊。I love you，Ms.Hopkins.

昨天Ms.Hopkins给我们每个人发了一块来自太平洋东岸的小石头，我要好好地保存。她给了我们每个人一个棒棒糖，昨天晚上我就吃了，我觉得比我以前吃过的甜。明天我们就要离开了，我相信有一天我会到她的家乡。

再见了，志愿者大哥哥和大姐姐，你们不要太累了。再见了，共同行动的叔叔阿姨，你们是最辛苦的，有自己的工作，还要在共同行动帮忙，谢谢。

深州一中　0110399　葛夏怡

2017.7.22

光阴如梭，转瞬已到了离别之际。

记得第一次与Ms.Hopkins相见时我还低着头，不敢与她说话，在座位上不停地写着自己的作业。座位是我们自己挑的，我的座位在第一排，上课免不了被老师提问，Ms.Hopkins问的第一个问题很简单："What is your name? "可以说小朋友都可以回答出来，老师把我叫起来，我的心一直在猛烈地跳动，不是因为我不会，而是因为我太紧张了，但我还是要强装镇定地回答出来。

记得那天下午老师让我们去找其他的外教完成相应的任务，在完成任务的过程中，我也与其他的外教进行了沟通，这让我的信心倍增，在上课时也敢举手回答问题了，可能上课时回答问题对很大一部分人来说不难做到，但是，不夸张地说，我从小学一年级到现在，在课堂上回答问题的次数屈指可数，班主任也曾经因为这件事找我谈话，问我原因，但我根本说不出来，我也不知道为什么。但通过这次外教夏令营，我发生了巨大的变化，这可能是我人生道路上的一个大转变，我还总结出一句话——勇敢地说出自己的想法，哪怕声音会颤抖。

昨天我给Ms.Hopkins写了一封信，因为我是一名初一的学生，所以很难用英语写出华丽的话语，但Ms.Hopkins还是给了我鼓励。当她要离开教室时，我真的想抱一抱她，但是我没有，我怕我抱着她的那一刻我会哭，但现在眼泪已经在眼眶中沸腾了。

深州一中　0110442　郑思恬

2017.7.22

Hopkins向大家展示学生写给她的小纸条

8月12日，我们在夏令营的最后一天。在这儿我们一共待了短短七天，时光如梭，真的是一眨眼的事，心里满满的不舍，不舍和蔼、幽默的外教，不舍新认识的朋友，当然也不舍餐厅美味的饭菜。

我们的外教Hopkins是一个非常漂亮、非常会照顾人的好老师。她会在我们将要分别时，将她从家里带来的礼物分享给我们，给我们留下联系方式。在课堂上我们有不懂的，她都会用肢体语言、用画表达出来。她关心我们，爱我们，她会把她的故事分享给我们。她也是一个坚强的老师，在我们将要分别时，她没有掉下眼泪。我们都非常喜欢Hopkins，她给我们的回信都很认真。

河北任县中学　0810005　李飘飘

这四天来，我觉得自己的确改变了不少，从不好意思跟别人说话到主动跟外教打招呼，我感受到自己的变化。

第一天晚上，外教跟我们打招呼、做自我介绍的时候，我就感受到外教的热情。从那时起，我就喜欢上了他们，因为他们的开心和热情是从内心深处发出来的。

第二天早上，外教课上，我们互相说着“Good morning”“Hello”。我感觉我的外教Hopkins很亲切。上课期间，她仔细地跟我们介绍了她的家人和住的地方，并让我们看了些美丽的照片，使我们进一步了解她。后来她只要一问：“Do you have any questions? ”就会从包里拿出几块儿糖。只要有人问问题，不管是什么问题，她都会认真回答，而且每次都回答得特别好。今天外教被问了一个问题——“您认为最美丽的地方是哪里？为什么？”她的回答是“这里,在这个教室里，因为这里有你们”。这句话真的很令我们感动，在她说完这句话后，全班鼓掌！

之后，那天下午我们组织了游戏，完成游戏之后，她又给我们发了糖。自从有了这些外教，我们的活力被激发了。她还给我起了一个英文名字——Kathy，真的非常感谢她。

威县二中　0830030　杨乐

一周的夏令营即将结束，现在我可以跟外教做一些基本的交流，我感觉我改变了不少。

这一周来，外教以她独特的授课方式，教会了我们很多。她和我们一起上课，一起学习，一起做游戏，让我们在玩中学，也让我找到了学习英语的乐趣。外教把我们的积极性调动了起来，我即使很晚睡觉，第二天上课也不会困，只是打几个哈欠而已。我最喜欢猜词游戏，就是一个人在前面蒙着眼，外教写单词，然后下面的人来提示，真有意思，一节课下来，虽然学的东西不多，但是真正记住的、学会的很多。我想回去后要跟我们英语老师交流一下，看他能不能也多少做一点这样的小游戏，这对学习单词、记单词很有帮助。

昨天外教说“这是最后一节课”时，我们跟到门前，拦住门不让他们走，毕竟在一起学习一周了，情意深重，不想分离。

吴桥中学　0060236　刘晓东

外教们不远万里，为我们带来了丰富、有趣的课堂。他们似朋友似亲人，总是面带微笑。我们一个班从不熟到慢慢认识，我们和外教共同度过了这一周。在课上，我们一起做游戏，我们为了自己的小组努力、奋斗，我们挑战所有的不可能，我们从第一天面对外教时无话可说到如今可以和外教大声地打招呼，我们对

内丘中学帮扶点参加夏令营的同学及带队老师邢国斌（专职志愿者）和外教合影

外教从陌生到熟悉再到喜欢。

还有两天我们的课程也要画上句号了，我一定会在剩下的两天听好每一节课，我也会大胆举起我的手，用我那不是很标准的英语来回应外教们。总有一天，我会说一口流利的英语。我们的外教们，我们爱你们。

内丘中学　0770020　武丽恒

2017.8.2

2017年共同行动外教夏令营第四期于2017年7月30日—2017年8月6日举办，有来自旧州中学帮扶点、新河中学帮扶点、临城二中帮扶点、涉县原曲中学帮扶点、宁晋中学帮扶点、内丘中学帮扶点的149名受帮扶学生参加此次活动。

不一样的志愿者

今天已经周三了，我们已经来了四天了，时间过得真快。第一天我们来的时候坐在车上感到激动而紧张。来到这儿之后我们就去报到，我们看到了志愿者们，他们认真核对我们的信息。然后在食堂我们又看到了许多志愿者，他们告诉我们该如何去做，如何遵守纪律。在晚上，他们还不辞辛劳地为我们开会。

老师告诉我们食堂的志愿者四点就起来做饭了，我很感谢他们，感谢他们为我们做了这么多。上课时我也发现教室里有志愿者，他们会看着我们。其中有一个会英文的志愿者，每次外教讲到我们听不懂的单词和句子，他都会给我们翻译。另外一些志愿者，他们为我们的卫生操碎了心，而且每天都要检查卫生，告诉我们该怎样做。

全体志愿者合影

为期42天的夏令营结束了，全体志愿者和基金会秘书处工作人员一起合影

这些志愿者都是自愿为我们服务，不求回报，这些志愿者都是共同行动的人。但他们在辛苦工作时，我们要想一想我们应该做些什么，看到他们，仿佛也看到了以后的自己，我们是共同行动的学生，长大后也要像他们一样自愿去服务。

以前我们没有见过的东西，在这儿我们见了；我们没有用过的东西，在这儿我们用了；我们没有学过的东西，在这儿我们学了。有这样的条件，是因为有共同行动和志愿者们，他们为我们做了许多，让我们有机会来到这里共同学习，共同进步。

Thank you very much and I love you!

魏僧寨中学　0340339　高颖慧

2017.7.26

光阴似箭，一转眼，一星期过去了。还记得第一天懵懂的感觉，我们在这里真的成长了不少。记得刚来的时候，老师问我们有没有回家的感觉。说实话，真的没有。现在要离开了，却有种离家的感觉。

志愿者哥哥姐姐特别好，最喜欢婷婷姐姐了，她对我们特别好。外教带我们玩游戏，虽然有点儿听不懂，但英语游戏玩得还是很开心，而且我们顺利完成了任务。哦，对了，今天早上的包子特别好吃，食堂里的尖刘海小哥哥态度很好，他也很搞笑。

志愿者郭婷婷与外教Joel

我们感受到家的温暖……现在我总是情不自禁地说英语。我喜欢外教们给我们做的各种怪怪的动作，刚开始觉得他们好搞笑，后来觉得好可爱，最后鼻子好酸。Hopkins都一大把年纪了，还那么认真地教我们。我感谢我的带队老师郝江涛，因为我嗓子疼，他带我去对面医院，跑这跑那，他什么也没说，一直让我坐着。在去医院之前，他就已经出去给我买了两次药，后来我急性上呼吸道感染，说不出话，医生让我输液。郝老师一直陪着我输到12：50，都没休息一下。这几天我最大的收获是感动和温暖。

一说要离开，很难受，舍不得……我们宿舍的其他五个天使也对我很好，我们互帮互助，像亲姐妹一样。我们的Hopkins在黑板上写“我亲爱的学生”时，眼里充满了泪。她这人特别好，关心我们，她总耐心帮我们改正。最让我意想不到的是Mike，他个子很高，需要弯腰才能帮我们指出错误，但桌子之间空间小，而且后面是我们的桌子，他选择了跪下，我吓到了。有哪个老师会为了学生跪下呢？上次我们班一个男生眼镜坏了，Hopkins看出他不高兴，就跑到中国老师面前，让老师翻译，那个老师解释给Hopkins，她回答：“如果他没带够钱，我愿意给他买。”她这样固执地说了好几遍，后来那个同学还是拒绝了，他们拥抱了一下，我感觉到心跳在加速，她多善良！

感谢共同行动的家人给了我这次机会！我爱你们！辛苦了，我的家人们。

We are family.

Hi，I' m Karen.

威县二中　0830032　翟晓辉

2017.8.12

今天已经是入营后第三天了，但是我却觉得日子过得飞快，总感觉自己像刚刚进入一样，也许是因为每天都过得太充实，所以才会觉得时间过得很快。在这几天中我接触到很多以前没有见过的东西，很新奇，也很开心，也认识了许多不同的人，也做了

为了学生的安全，驻地老师们驻营日夜守护着学生

许多突破自我的事情，我相信在这短短的七天时间里我一定会变得更好，因为我一直在努力地突破自己！

还记得开营第一天，范老师给我们开会。后来我知道她已经加入共同行动十年了，我很惊讶，也十分佩服她的毅力，十年是一个什么概念？它真的很长很长，即使十年坚持一件自己爱好的事也是一件十分考验人的事，但她却在共同行动坚持做了十年志愿者，为了我们这样一群素不相识的孩子坚持了如此长的时间，十分令人动容与感动。她也有自己的工作与生活，但她却仍在坚持，有一句话叫作“耳听为虚，眼见为实”，以前没有来到这里的时候，听老师说或者去网上看没有这样的感触，但是当我真的见到这些为我付出的人，亲耳听到她们讲述的时候，十分感动。范老师那天说她50岁了，但是我真觉得她像30岁的，她很年轻，或许这是因为她有一颗善良的心吧，也或许因为她对生活充满了希望吧！

在这几天中对我触动最大的便是那些志愿者都好小啊，如果不说他们是志愿者，我真的会以为他们和我们一样是夏令营的营员。那天开会时范老师告诉我们，他们也曾经是共同行动的一员，现在上大学了，放假后来这里做志愿者。我还听说他们中的一些人在上一期夏令营中暑了，但他们没放弃。从他们身上我看到了很多，以前我就想过以后有了能力一定要为共同行动做一些事，所以我看到他们，就仿佛看到了未来的自己，我相信自己以后一定会成为我想的那样，也会像他们一样帮助像我一样的孩子，我相信自己一定可以做得很好。当然我也很希望自己可以像范老师一样坚持很多很多年！

开营那天下午，我见到共同行动的发起人魏总，他讲述了很多共同行动的故事。他问一个同学的帮扶编号是多少，可那个同学没有回答上来，其实当时我也不知道自己的帮扶编号，也是在那天下午我才发现自己对共同行动这个家是多么的陌生，我意识到自己不是一个合格的家人。那天下午我牢记了自己的编号——0120234，我下定决心要多关注多了解共同行动，努力让自己成为一个合格的家人！

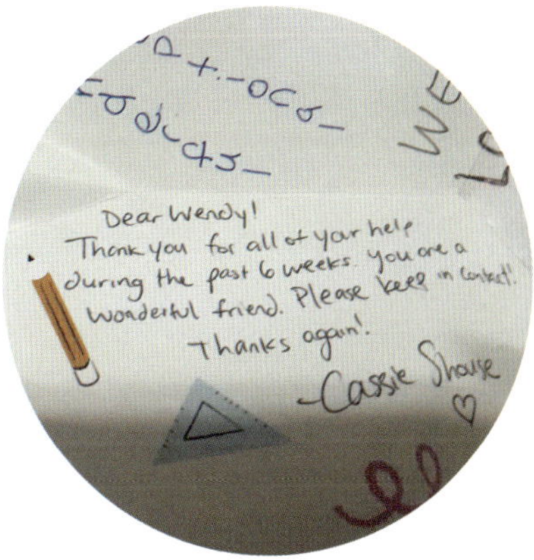

外教送给志愿者的小礼物

理事长魏星作为共同行动的“大家长”在开营仪式上给孩子们演讲

通过这几天上课，我学会了很多，或许外教教的东西我很久以前便学到了，但是这次锻炼的主要是我们的口语和胆量。在这几天的学习中我真的突破了很多，从第一天主动举手说“My name is Nancy”开始，我就下意识地挑战自我，我今天主动回答了很多问题，这在以前是绝对不会发生的。我想，既然我参加了夏令营，共同行动给了我如此好的机会，我就应该珍惜，我相信自己一定会有很大的进步，加油，Nancy！！！

深州中学　0120234　郑娇娇

2017.7.19

美好快乐的时光总是过得飞快，转眼间，这一期的夏令营就即将结束了，然而，入营仿佛发生在昨天。这一期的夏令营我经历了许多，也成长了许多，从入营那天的腼腆，变成了今天的活泼；从不敢、不愿张口说英语，变成了现在喜爱英语。是的！这次夏令营我改变了许多，我变得更加自信，更加勇敢，更加坚定！

入营仪式上，大家和外教热情地打招呼；范老师、蒋老师教会我们做人、做事的礼仪；苏老师与我们分享他的海外留学经历；高岚老师帮我们树立人生理想；宋宁老师为我们的梦想之路引领航向……这一幕幕就像发生在昨天。我们是一个大家庭，我们每个人都是共同行动这个大家庭中不可缺少的一员。

可是，分别的日子总是来得这样快，让人猝不及防。昨天，外教都分别去了北京、上海等地，在分别的那一刻，许多同学都紧紧拥抱着外教，眼泪在眼眶里打转。尽管我们和外教语言不

宁晋中学帮扶点参加夏令营的同学及带队老师冯学坤（专职志愿者）与外教合影

通，但感情都是一样的。我从他们的信件中读出了他们对我们的深深不舍。

苏老师曾经说，如果用一个英文单词来形容我们这期营员，那就是“sweet”。我想，这个词也同样适用于志愿者老师们。在夏令营期间，他们就像家人一样，时刻陪在我们身边，小到情绪变化，大到活动安排，他们都为我们操心。

虽然这一期的夏令营快要结束了，但它带给我们的温暖与感动、改变和成长是弥足珍贵的礼物！

河北宁晋中学　0730017　陈团

2017.8.31

在共同行动组织的夏令营中，我真的感受到如家般的温暖——第一天老师热情地告诉我们教室在哪，餐厅在哪，浴室在哪。我们宿舍的电扇坏了，哥哥姐姐给我们联系修电扇的人，给我们找凉快的地儿。有的学生吃不惯米饭，老师还特别关怀。有个学生摔倒，老师无比担心。餐厅里的叔叔阿姨非常热情，每天准备不重样的饭菜。老师们带我们见识不一样的世界。志愿者们不辞劳苦，想给在夏令营期间过生日的同学们惊

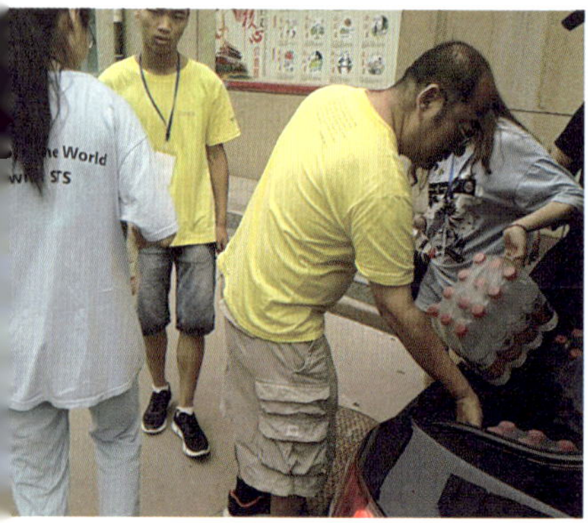

天气炎热，志愿者帮孩子们搬水

丰富的午餐

喜。当老师说到一位同学是孤儿时，潸然泪下，难过得说不出话来。

我经常觉得我是一个非常幸运的女孩，因为我有幸加入了共同行动，有幸参加这个夏令营，有幸认识这么多可爱而幽默的老师，有幸成为Jacob的学生，有幸认识这么多的同学，有幸与外教交流。当我在QQ空间发我们在夏令营的照片时，同学们都说："好可惜呀，我没有加入共同行动。"每当看到这句话时我总是感觉非常自豪和骄傲。

谢谢共同行动的志愿者和爱心人士，是你们给了我骄傲的机会，谢谢你们，是你们给了我自信和努力学习的动力，谢谢你们在背后默默地付出。你们辛苦了，我爱你们。

深州一中　0110395　郭雪荣

2017.7.22

在这个月的16号我们来到石家庄，参加由共同行动举办的夏令营，我很兴奋，虽然来的路上遇到点波折，但这丝毫不能影响我的心情。

不知不觉我们已经度过近四天，这四天里我们一起生活，一起学习，就像一个大家庭，我们每个人都是这个家庭中的一分子，谁也不能少。

我很感谢共同行动，还有许多志愿者老师们，他们花费自己的时间和金钱来陪我们，提高我们的英语水平，带给我们各种从前从未体验过的经历，他们照亮了我们内心深处的黑暗，为我们指明前进的道路。

共同行动为我们付出了很多，包括请外教。其实他们大可以请一个普通外教，但是他们并没有这么做，他们花费大量资金从美国本土请来了专业的外教。他们大都是第一次来中国，对中国的许多地方都不懂，还可能吃不惯中国的食物以及不能与中国人交流等。我想，志愿者老师们为了解决这些问题已经付出了很多，其实假如从石家庄请外教的话，应该不会有这些问题，也会省很多资金，但他们并没有这样做，感谢共同行动。

第二期比第一期好很多，从老师们那里我们了解到第一期天气非常炎热，学生们换了好多次教室，一些年龄较大的外教也因此病倒了，但还坚持来上课，我为这种精神点赞。我还听说有的同学中暑了，还有的因为吃冷饮而得了病，因此不得不退出，我感到非常惋惜，为他们感到遗憾。我们的条件比第一期好一点，因此，我们需要更加努力。

来了这里以后，我发现有几个比较年轻的小哥哥、小姐姐，看上去他们比我们大不了多少。他们为什么会来到这里？我一开始比较好奇，但后来在素质教育课上我了解到他们是共同行动帮扶过的学生，如今在上大学，正好处于休息时期，所以来这里做志愿者。要在这炎热的夏天忙碌44天，我听了很是震撼。小哥哥、小姐姐们，加油，你们用你们的爱心，用你们的行动来回报共同行动，为我们这些目前还处于受帮扶状态的学生们树立了好榜样。你们每天不辞劳苦，忙前忙后，还要照顾我们，若这种事放在我身上，我可能会觉得不耐烦，感觉烦躁。等我长大了，我会回头想一想：“当初共同行动帮了我很多，免费送给我们生活用品，还每个月给我们充饭卡，他们原本不用做这些，但是他们为什么这么做呢？我不是也应该用自己的爱心回报共同行动吗？”

入营第二天晚上，我们上了素质教育课，范老师特意将男女分开进行讲解。我有很大的感悟。范老师为我们讲解了女人的一生，还有应该承担的责任。随着年龄的增长，我们在家庭之中的身份会不断改变。范老师还告诉我们，要自尊、自爱才能让其他人爱护我们，其次我们还要做一个有素质的人。

昨晚也就是入营第三天晚上，共同行动请来了优秀设计师为我们讲解国内优秀设计，开阔我们的时尚视野。我们了解到，他的儿子四天前还在医院，刚刚有所好转，但他还坚持来为我们上课，我很感动，虽然有一些没有听懂，但我依然感受到艺术的魅力。

我还了解到我们学校的志愿者高志兰老师因为工作太忙，无法照顾女儿，使其成绩下降，很是伤心，本想借假期多陪陪孩子，为女儿补习功课，但知道我们要参加夏令营，放假后就向领导申请来参加夏令营，我向高老师致敬。

总之，经过这几天的相处，我明白了很多，感受到大家庭的快乐。感谢共同行动，感谢志愿者们。

深州一中　0110390　徐琳帅

2017.7.19

最令我感动的是那些志愿者。昨天照集体照，我们在高声呼喊着茄子时，还有一位志愿者哥哥为摄影师打着伞，他是那么无私。昨天晚上那位志愿者姐姐让我们吃饺子的时候，她吃的是素饺子，听闻这个细节，我的心中不是滋味。听另一位姐姐说，她们很大一部分人是在打地铺。他们这是为什么？回报这个社会，传递爱心吗？

行动不一定有幸福，但不行动就一定没有幸福，我认为共同行动的含义就是共同去创造幸福。

在这一周里我很幸福。

深州一中　0110442　郑思恬

2017.7.22

Gordon教学生们练习对话

当初在学校听说有这样一个外教夏令营时，我十分激动，迅速写了申请，中英文各一份，比较费时间，于是没吃午饭，没睡午觉，终于把申请写成了。真的很感谢爱心人士能够给我们出资，给我们营造一个这么好的环境，并且给我们学校这么多名额，同时，也感谢我们学校志愿者老师的认真负责。

临出发之际，学校的老师们无微不至，为我们准备遮阳帽，给我们准备面包、火腿肠、矿泉水，对我们关心备至。多么好的学校，多么好的老师啊。来到石家庄，好多志愿者老师微笑着和我们打招呼，问候我们，我们心里暖暖的。吃饭的时候，老师们转悠着，问我们能不能吃饱，吃不吃得习惯，关心我们，还总是强调不许浪费粮食，让我们明白粮食来之不易，我们应该心疼劳动者的汗水，节约粮食。素质教育课上，范老师让我们明白了许多人生道理，知道了身为一名女生应该怎样做。谆谆教诲，我会铭记于心。课堂上我们有一个特别好的外教——Gordon，他风趣、幽默，特别有耐心，鼓励我们，教给我们很多东西，让我们认识、了解美国，他还告诉我们要爱自己的国家，爱自己的文化，我会永远记得Gordon。那次做“找老师”的游戏时，我和老师们交流，感觉收获颇多。我们小组团结合作，最终迅速完成了全部任务，这让我明白了团队精神的重要性。我这次学到的东西很多。我学到的英语方面的东西是我上了这么多年英语课所不能及的。课余时间，共同行动还为我们请了篮球教练、健美教练、搏击教练，为我们煞费苦心。在这里每个同学都文明礼貌，遵规守纪，每个同学都是好样的！

加入共同行动或许是我做过最对的事情，感谢资助我的国忠星老师，感谢我们学校一直关心我们、为我们加油的志愿者老师，感谢带领我们参加活动的张昭老师、董玉老师，感谢所有共同行动的爱心人士和志愿者老师们！随着年龄的增长，我们会明白，没有人天生是欠我们的，他们对我们好，我们也应该爱他们，以感恩之心回报社会。我一定不辜负老师的关心和期望，不辜负所有爱我、关心我的人，努力学习，不断进步，以后有能力了，我会为共同行动贡献我的力量！

深州中学　0120216　张泓云

2017.7.19

我们有个共同的名字：志愿者

今天我来这里已经三天了，这三天每天都过得很充实，每天都有收获，还记得那天30多个赞皇中学的学子坐着大巴车，经过两个小时的颠簸，终于来到我们的营地——石家庄铁路职业中等专业学校。一进校门就看到蒋老师和志愿者们在迎接我们。看到蒋老师汗流浃背，衣服已经湿了一大片，当时我的心就被触动了，他完全可以不这么做，可以在空调屋里玩着手机，喝着茶。从这一点我就看出了他的爱心。在这里我想对他说：“您辛苦了，蒋老师。”

赞皇中学　0150360　张泽昆

2017.7.19

一眨眼七天已经过得差不多了，心里明知道分离是必然，但还是对这突如其来的分离无所适从。

记得刚报到的那一天，我忘了带身份证，可以想象一个女孩子面对这种情况时的尴尬。但这时候我遇到了范老师，她让我坐下来耐心等待，并安排一个志愿者老师帮我处理这件事。她开始和我聊天，告诉我不带身份证会带来的麻烦。那种神情像极了家中的长辈在教育孩子，而事实上我们才刚刚相识。

我并不是一个特别开朗的人，也并不擅长融入一个新圈子，所以刚走入宿舍时并不适应，但当其他人和我打招呼并热情地和我分享他们的食物时，我心中的恐惧一扫而光，欣喜之余更多的是庆幸，庆幸自己被分到了如此热情的宿舍，庆幸自己遇到了如此负责的老师，庆幸自己能够被共同行动帮扶。

赞皇中学　0150369　米婷伟

2017.7.22

在夏令营，总会看到穿着黄色衣服或蓝色衣服的志愿者们，他们不求回报，无时无刻不在为我们付出。感谢他们的陪伴和对我们的照顾。我高中毕业以后，也要经常回到秘书处，传递这份爱。

餐厅的叔叔阿姨每天都要起得很早，为我们精心准备早餐，有的人不能喝牛奶，他们就准备豆浆。每次我们打完饭，他们都会说不够吃可以加餐，总怕我们吃不饱。我能做到的只有每次打饭或加餐的时候说句谢谢。叔叔阿姨，感谢你们这些天为我们精心准备饭菜，我在这里说一声：“你们辛苦了，谢谢你们。”

饶阳中学帮扶点参加夏令营的同学及带队老师郭增战（专职志愿者）与外教合影

感谢共同行动一路帮助我们。我会继续努力，完善自己和超越自己。这次夏令营，我收获了许多，增长了见识。我会继续努力，让帮助我的人感到高兴。感谢我的母校给我争取到名额。感谢志愿者的辛勤付出。感谢外教让我增长了自信。谢谢你们，我会继续努力，我会让我自己变得更优秀，我会传递这份爱的火把，让它照亮每一处黑暗。

饶阳中学　016376　陈甜笑

食堂工作人员，辛苦了。

听老师说，有位同学问食堂大哥哥：“你们为什么来？”他说：“我为你们而来。”听到这句话我十分感动，他们为了我们每天五点多就要开始准备早饭，还担心大家吃不惯，耐心地为我们盛好饭菜。

这次夏令营，我学到的不仅仅有知识，更有友情、感动。

最后，请允许我由衷地说一声："各位为了我们而操劳，无微不至地帮助我们的人，你们辛苦了，谢谢。"

饶阳中学　0160413　王天赐

美好的时光过得如此之快，我们就要说再见了，不是舍不得，是非常舍不得。

很幸运，我可以作为饶阳中学帮扶点的一位受帮扶学生来到这个美丽的城市，参加共同行动组织的夏令营活动。关于这次活动我有很多感触。

最后一天在食堂吃饭，Mike感谢食堂工作人员，并拍照留念

共同行动的志愿者们，你们辛苦了。

一入营，便有志愿者来欢迎我们，帮我们安排宿舍，填写入营手续，分发营服。当我们要把带来的物品放回宿舍时，他们更是担心我们找不到宿舍，一直提醒"男生宿舍在三楼，

排队取餐

女生宿舍在四楼”，还耐心地在宿舍楼上贴上标识。

每次吃饭，他们都会很耐心地让同学们排队打饭。

我还听别人说，志愿者们每次都是在我们睡后（晚上十点多）才离开，我们还没起床时（早上五点多）就到了。在这里，我由衷地说一声：“你们辛苦了，谢谢。”

共同行动的爱心人士，谢谢你们。

饮水思源，我们为什么能来这里参加夏令营，零距离地与外国友人交谈？说到底，是因为共同行动爱心人士的帮助。

他们不惜重金从美国本土请来英语老师，为我们准备了这么一个多姿多彩的夏令营，就是为了丰富我们精神上的财富，让我们提高勇气，敢于表现自己，找到自身优点，提高英语水平，提高道德素养。

我想我们不能让他们失望，应积极进取，展现自己的长处，将这份爱心传递给更多的人。

最后，再次感谢共同行动爱心人士的帮助，谢谢你们。

饶阳中学　016418　蔡嘉琦

我们的夏令营有几个志愿者与我们差不了几岁，他们中有的刚考完试就过来做志愿者了，他们这是在回报共同行动，这是值得我们学习的，他们是我们的榜样。

有许多爱心人士在帮助我们，可是我们都不知道他们是谁，他们默默为我们做着一切，我们要感恩他们。

要不是共同行动，就没有这次外教夏令营，所以我们要感谢共同行动，我们要怀着一颗感恩的心来报答它，去帮助每一个需要帮助的人。

最后希望共同行动越办越好，让更多的人加入我们的大家庭。

魏僧寨中学　0340302　史佳文

从参加夏令营到现在，不，应该是从参加共同行动到现在，我们得到很多爱心人士的帮助，他们为我们出资，让我们来到这个外教夏令营。

昨天我们学校一个小女孩被吓到了，想家啦，有很多老师来帮助她，和她说话，还有很多志愿者以及来自不同学校的学生都来安慰她，夏令营的小伙伴们也安慰她。我在一边看着，这个氛围把我感染了。如果没有爱心人士的帮助，我们也不可能在这里欢聚，虽然只有短短的一周，但我不认为时间短。人生有许许多多的过客，要学会拿得起放得下；人生的路很短，要珍惜过客，这两句一点也不冲突，该珍惜时就珍惜。

或许我们与爱心人士是有缘分的，不然我们也不可能受到帮扶。我发自内心地感谢爱心人士和那些不求回报的志愿者，谢谢。

魏僧寨中学　0340311　徐琪琪

共同行动的志愿者老师们每天很早就起床为我们准备早餐。我们在空调屋和外教们上课时，共同行动志愿者已经在为我们准备午餐了。我们下午玩游戏时，他们已经开始为我们准备晚餐。他们从未觉得累，他们从未抱怨过，没有这些志愿者们，我们就不可能在这里和外教一起度过这段美好的时光。

共同行动志愿者们组织这个外教夏令营，就是为了让我们在精神方面不被压倒，得到支持，让我们不比别的同学差，还要比他们好！共同行动的志愿者们在每个方面都想得非常周到，比如，为了让我们更清楚地知道餐厅、超市分别在哪，男生宿舍和女生宿舍分别在哪，他们在每个楼梯口安放了一个小牌；为了防止学生在学习上产生压力，志愿者们每天下午都安排一段游戏时间，而且安排各种各样的游戏；志愿者们为了让我们更好地体验生活，每天早上给我们请来不同的教练，比如，搏击教练、跳绳教练。

感谢志愿者老师们，感谢你们让我感受到家的温暖。

魏僧寨中学　0340347　刘楠楠

共同行动在这个暑假举行了一次全封闭外教夏令营。我很荣幸参加了这次活动。这是一次共同行动大家庭的相聚。志愿者和老师们就像这个家庭中的大家长，我们这些学生就是他们的孩子。这个家庭有一个原则——帮扶那些能进步、想进步的贫困中学生。

在这次夏令营中有一群默默付出的人——志愿者。我们的吃、穿、住、行，生活中一切都是由他们给我们精心挑选的。他们是有爱心的集体。他们多数是刚刚毕业的学生。他们舍弃闲暇来帮助我们。他们是极其伟大的。

今天早上下着很大的雨，我从宿舍楼跑到教学楼时，身上都湿透了，走到一半的时候，有一个志愿者姐姐打着伞把我送到了教学楼前，我一定要把这份爱传递下去。

共同行动就是秉承这种信念，才得到那么多人支持和信任。

魏僧寨中学　0340363　宋丽娜

2017.7.26

这里的每一天都很充实，每一顿饭都是不同的，食堂的工作人员也一定费了很多心思，那天中午我无意间听到食堂工作人员的对话，他们说：“今天中午吃泡面。”我的心头涌上一股暖流，他们每天做那么多美味的饭菜，原来自己却没有尝过，而我们唯一能做的就是把他们做的饭菜吃光。谢谢他们，我想告诉他们，饭菜很好吃。昨天下午我们坐在一起包饺子，好幸福，真的是一顿团圆饭，有一个师傅看我不会包，就走过来手把手地教我，那时候真的感觉她就像我的妈妈。

涉县鹿头中学　0370090　王淑霞

2017.7.22

我虽只在这里待了三天多，却真的觉得这里像一个家，有爱的、有活力的、有热量的家。

志愿者们虽不在共同行动秘书处上班，但他们却是这个家庭不可缺少的一部分。在这里我真切感受到人与人之间的温暖。他们在百忙之中来这里陪着我们、关心我们。吃饭时，他们很有耐心地让我们排队，以免造成不必要的麻烦。当我们有问题时，他们会帮我们解决。记得星期日的上午十点左右，我们这群鹿头来的孩子们坐了四个多小时的客车来到时，内心澎湃，车里开着空调，很舒服，下了车时，第一眼看到的是站在门口等着我们的志愿者们，那时烈日当空，我们正在抱怨这天上太阳的火热，站在那骄阳下的志愿者们却没有抱怨，大概缘于他们有一颗像太阳一样火热的心吧！

涉县鹿头中学　0370093　翟佳慧

2017.7.19

午餐好美味

这一周志愿者的努力让我们感动，我们非常荣幸见到两个大人物。一个是成就非常高的、有多项荣誉的人生规划师高岚，他给我们讲了一节人生规划课，使我们深刻理解了有规划的人生更精彩。第二个是石家庄电视台的主持人宋宁，她为我们带来一场精彩的播音主持课。她是河北的骄傲。听完她的课，我心里想："她的人生真精彩，我的人生怎么可以不精彩！"但是哪个精彩的人生不需要汗水和泪水来浇灌呢？

感谢共同行动，让我们拥有这么多家人，让我们得到这么多人的关怀，让我收到这么多感动及快乐。如果没有它，我的人生不会有这样精彩的一笔。

深州市旧州中学　0130179　徐雅雅

石家庄电视台著名主持人宋宁老师也是共同行动的一名志愿者

“共同行动”这四个字第一次进入我的眼帘时，我对它的理解很浅显，认为它就是一个普通的帮扶组织。自四天前我参加夏令营之后，我成长了很多，同样也真正明白了“共同行动”的含义。共同行动，是由民间自发组织的慈善机构。

从上周日到今天已四天了。四天就像流水般逝去，我也真正融入了这个家庭。我可以与这个家庭中的每一位成员用英语交流，把自己当成一个真正的美国人。我非常感谢共同行动给予我这次机会，让我有机会锻炼自己。

昨天晚上，听了一节高岚老师的课，主要是关于人生规划的。高岚老师为我们上的这节课让我们更加明白要学会规划自己的人生，让自己的人生出彩！

今天晚上，苏老师给我们分享了他的国外生活经验。他讲了作为交换生到国外学习的经验，还讲述了他从国外学到的东西：1.英语;2.自信;3.沟通。他还为我们认真讲解了自信心对一个人有多大的帮助。最后老师回答了我们的问题，也使我们心中的谜团得以解答。

深州市旧州中学　0130224　黄朝阳

2017.11.11

任何华丽的语言都无法刻画外教与志愿者们的质朴。一切不舍与欢乐尽化作泪珠，划过我们的脸颊。

在不知不觉中，我们已经度过了一周的美好时光。这一周，短暂而“漫长”。餐厅，这是我每天都迫不及待要去的地方。本就来自偏远地区的我们多少还是有些不适应这里的习惯，但直到昨天我才发现餐厅的哥哥姐姐们准备了意见簿。我被这小小的举动感动了，竟不由自主地流下了泪。饭菜每天不重样，这不就是家的感觉吗？老师们永远都在为我们着想，正如我们的父母。每天中午吃完饭，我们都要按时清理卫生，也正是因为这样餐厅成了我们的一个小窝。正因为我们团结一心，即使工作量再大，我们都不会感到疲惫。

固阳二中　0300182　王梦婷

就这样，2017年外教夏令营结束了，我很伤心。

从开营到闭营，那一个个陌生的人都变成熟悉的朋友，我们一起经历了许多。外教是那么活泼、善良、开朗，我们都不愿意离开他们。

第四天时，我们听了宋宁老师的演讲，非常好。宋宁老师让我们看了几个图片，让我们知道主持人也非常辛苦，一年基本上要去全国各地，不管寒冷还是炎热，都要坚持拍节目。而且老师还给我们介绍了几个大学，都是211、985里录取分数线较低的，而且有播音主持方面的专业。

素质教育课后，没吃饭的宋宁老师在给同学们签名

第五天，既兴奋又伤心。兴奋的是老师给我们发糖，带我们做游戏；我们给老师唱歌。伤心的是，我们即将离开老师，我们都哭了。

我们舍不得同学、老师、外教，有机会一定要再见。

临城二中　0520147　李子怡

2017.11.13

在这儿我们每天都能吃到帅哥厨师做的饭，每份菜都不重复，每碗面都有不同的味道。他们用心做好每顿饭，煲好每份汤，大米从不夹生，连馒头都是软绵绵的。那些菜色香味俱全，从不少放肉。我对面的两个同学不爱吃肉，厨师就单独给他俩做素菜。他们教会我认真负责。如果不亲身感受，那种感动不是你我可以想象的。

临城二中帮扶点参加夏令营的帮扶学生和带队老师张丽（专职志愿者）合影

说再见很难，也许就再也见不到了。可我们最希望的不就是大家都能开心地过接下来的日子；闲暇时，彼此想着对方，幻想在世界的某个角落，对方在开心地笑着。

清河中学　0800009　邱玲

记得那天我找到老师说自己不吃肉，他立刻帮我联系其他老师，安排每顿饭都要给我开小灶，我很不好意思，也非常感动，但我不会表达。

我来到学校第一天，因为行李太多太重，而宿舍在四楼，所以我无法一次性搬上去。就在我打算放下箱子，先把别的搬上去时，志愿者姐姐帮助了我，她替我把背包一直背到四楼。我知道我的背包有多重，真的很感动。

我真的非常感谢志愿者们。他们每天都陪我们一起学习，帮我们维持秩序，他们从未喊苦叫累，他们用炽热的心温暖了我们的灵魂。

清河中学　0800019　张文静

太快了，时间过得太快了，不知不觉已经和舍友们打成了一片，直到现在我才发现已经入营四天了。真的太快了，想想入营第一天，让我记忆最深的是餐厅的饭菜真的很好吃，谢谢师傅们做了这么好吃的饭菜。

入营当天晚上我们见到外教，他们的自我介绍都特别幽默，而且他们长得都特别漂亮。

第二天在课堂上，我们见到我们的外教，她已经59岁了，但看起来一点儿都不像。她在课堂上和我们互动，一开始真的不知道她在说什么。她非常努力地表达，用形象的漫画去表达她想说的。她不落下一个人，我们都得到了奖励，那就是她带来的糖

志愿者利用课余时间和外教讨论，以帮助外教更好地开展教学计划

开营仪式上，外教做自我介绍

果。我也有了英文名字——Liz。真的非常感谢她，上课时她发现一个同学的眼镜坏了，她向这个学生表达她要为这个学生换一个眼镜框，这个学生没有听懂。于是老师就让听课的一位老师翻译。最终这个学生还是没有让她换，但给了老师一个大大的拥抱，我们都很感动。让人想不到的是，今天中午老师留给那个学生200元让他去换眼镜框，我们的老师真的太好了，当然那个学生没有收。

这几天的感觉真的是太好了，收获了很多，最多的是感动。真的非常感谢共同行动给了我这次机会。

任县中学　0810005　李飘飘

我是来自威县二中的梁亚雪，时间过得很快，转眼间，我们到这里已经三天了。在这短短的三天里，我觉得好像回到了家。

第一天，我刚来到一个新的环境，心里有些紧张，可是我们

各学校的带队老师牺牲休息时间，在夏令营期间全程陪伴学生

的志愿者老师们都是那么的和蔼可亲，见到我们的时候都会微笑。这时，我心中非常温暖。其实，我是一个特别胆小的人，到一个陌生的地方，我从来都需要好久才会适应。但在这里，我只用一个下午就消除了内心的恐惧。我觉得非常不可思议。

虽然时间短暂，但足以回味一生。

纵然昙花一现，却足以填充回忆。

我相信在这里的几天会是我一生中最有意义的回忆。同时，我也对后面的每一天充满期待。

在此，向我们的外教致以最崇高的敬意！感谢您，您虽然一直在咳嗽，却从未放弃我们，依然坚持每天都来给我们上课。

同时也向志愿者老师说一声谢谢。谢谢你们的付出！你们辛苦了！我还想对爱心人士说一声感谢！

威县二中　0830009　梁亚雪

2017年共同行动外教夏令营第五期于2017年8月6日—2017年8月13日举办，有来自吴桥中学帮扶点、临西二中帮扶点、固阳二中帮扶点、清河中学帮扶点、任县中学帮扶点、威县二中帮扶点的103名受帮扶学生参加了此次活动。

不一样的家人

一周下来，我们可以自己很好地完成简单的劳动了，同学们相处得也非常好，比如我们宿舍，仅仅有九个人，却来自五个不同的学校，一开始我们都不说话，即使有来自一个学校的，但因为彼此不认识，也不交流，后来，慢慢地，我们在一起劳动，在一起玩闹，然后就熟络起来。昨天晚上我们有一个活动——宿舍长介绍自己的宿舍成员。宿舍长在台上介绍自己的小伙伴，心情一定非常激动吧！最后，每个宿舍的宿舍长都不忘说一句："We are family！"对啊，我们是一家人，其实不只是一个宿舍，在这个夏令营里，在共同行动大家庭里，我们都是一家人。

深州中学　0120233　郑茹

这次的夏令营，说是一次夏令营，倒不如说是一场盛大的人生旅行，课上老师的讲课涉及的范围很广，让我们长了不少见识。下午的活动多样，有一天的小组活动使我们印象特别深刻。这场活动，我们小组五个人是奔跑着进行的，每个人都很快乐。这场活动让我们有目标地去做好一件事，也启示我们人生要有目标，并且要朝着它使劲跑。外教们带领我们做游戏，有很多游戏，所以我们轮换着，有条不紊，每个人都可以做到。这些活动有效锻炼了我们的口语能力和思考能力。

昨天晚上，每个宿舍的宿舍长都一个个介绍了宿舍成员，来自各个帮扶点的主持人都非常优秀。非常期待晚上的闭营晚会，希望共同行动每个成员的人生都很精彩。这次的夏令营是一次难忘的经历，我会珍惜这份记忆的。

深州市旧州中学　0130179　徐雅雅

通过这次夏令营，我结识了很多朋友，见到了外国人，并很有幸能与他们交谈。我开阔了眼界，听到了名人的演讲，听到了励志的教育，听到了他人在外游学的经验，懂得了人生规划，也重新理解了“舍友情”。在这里，我收获了许多，感慨颇多，我提高了自己的能力，明白学习的重要性。

真的非常感谢。

新河中学　0330290　颜诺

2017.8.6

深州中学帮扶点同学们排练手语节目

七天，不多不少。对于我来说，这七天我收获了知识，还有与外教真挚的感情，与外校同学真挚的感情。

从相见到相识到相知，宿舍成员每天嬉笑，同学们一起玩耍，这个地方充满了爱。

好的时光总是过得很快。这几天就像梦一样，虽然短，但是，我对这几天的印象很深。我们马上就要离营了，但那份感情会在我们心中永存。

感谢共同行动给我这个机会，也要感谢志愿者们，你们辛苦了！我会将这份爱心传递下去，我会好好学习，争取考个好成绩。

清河中学　0800012　滕云婷

时间太薄，从指缝间悄悄溜走，握也握不住。是啊，七天匆匆而逝，已去之浪不回流，已去之时不再来。

2017年7月4日，我们与外教诉离愁。我的外教是拥有天使般脸庞的Jacob。他温柔腼腆，还有些高冷。经过五天的相处，我们早已培养了深厚的感情。是他激发了我们学习英语的兴趣，让我们了解了美国的文化。同时，也让我认识到学英语的重要性。于是，我下定决心刻苦钻研英语，哪怕只是为了避免偶遇外国朋友却听不懂说不通的尴尬。我很喜欢Jacob，我永远不会忘记他，也相信有再见的一天。

周五晚上我们举行了介绍舍友大会。我有幸被选为407寝室舍长，作为一个小家长，代表大家发言。很感谢共同行动给我

闭营仪式上清河中学帮扶点师生合唱《夜空中最亮的星》

们这次机会，让我们相遇相识相知。我的每一位“家人”都有自己的特点，但一样的是对彼此的友善与爱。我们都很喜欢彼此，也相处得很愉快。在共同行动志愿者的帮助下，我们这一周过得井井有条、津津有味。这么快就要分离了，想想都难以接受，不知道明天会哭得多惨。但我知道他们不会笑话我，我们的友谊永存！

谢谢魏叔叔百忙之中来看我们，谢谢外教不辞辛苦地教我们，谢谢志愿者老师们的操劳，谢谢身边的同学们的帮助，谢谢没有嘲笑，谢谢只有“very good”，谢谢一切。我的英文名是Lucky，因为我感觉我真的很幸运，真的谢谢。

宁晋中学　0730002　张佳惠

2017.8.31

从上周日的开营到这周日的毕营，短短七天的时间让我们从陌生到熟悉，从腼腆到活泼开朗，这些变化是我们在生活中所得不到的，当然，这也离不开外教和志愿者们的帮助，很感谢你们！

首先从外教说起，本来以为交流、相处起来会很困难，没想到外教们真的很热情很开放，从开营仪式的那天晚上初次见到他们时就很喜欢他们。第一天相处下来还不错，也学到很多。他们边学边玩儿的上课方式，在我们中国的课堂上是看不到的。很感谢外教们带给我们快乐！

其次是我们的带队老师、志愿者老师以及其他的工作人员，他们不辞辛苦，从早到晚关心我们。餐厅的工作人员更辛苦，一日三餐虽然不是什么大鱼大肉，但每一份饭菜都充满家的感觉。当然也要谢谢那些资助我们的爱心人士。

共同行动大家庭中的孩子们都很好相处，也会互相帮助，有零食一起分享，有快乐一起分享，唯一没有的就是悲伤。当然，即使有人不开心，我们也会跟着他们难过。真正到了说再见的时刻，真的非常舍不得。是缘分让我们相聚在这次共同行动夏令营。人有悲欢离合，月有阴晴圆缺，总要说再见。

不管怎样，我都会想念外教们的，希望他们常来中国玩。中国的大门随时为外教们打开，我也会想念这里的老师、同期的学生们。我的中文名字是宋婷婷，英文名字是Lucy，谢谢外教送给我这个英文名。千言万语汇成一句话——我会想念你们，不要忘记我！

威县二中　0830018　宋婷婷

帮扶点志愿者告诉我能来共同行动参加夏令营的消息时，我故作镇定，摆出一副去不去无所谓的表情，但事实上已经激动得心都快炸了。

到了这儿之后，我满心好奇，想看看这儿，想摸摸那儿。好吧！一开始，我对于外教是本着看猴似的心态的。但我发现他们很和蔼，Mike和Gordon都很好。我们班的外教是Jacob，就是那种你明明不知道他在说什么，但还是想听他讲的小鲜肉。

来了夏令营，我交到了朋友，来自不同地方的朋友。生活环境、家庭环境、成长过程、口音迥然不同的人因为共同行动而聚在一起，一般情况下（除共同行动相关事宜）彼此将再无羁绊，但曾相逢便是缘，三千世界，芸芸众生，只有我们相遇，我们多有缘，禅宗有言“惜缘珍缘”，其实若没有共同行动怎么会有我们此刻的相遇。

共同行动给予了我太多，在我成长的特殊的时间段给我帮助，心灵上的，物质上的，这并不是单单用金钱能衡量的。

我爱你们，真的。

宁晋中学　0730029　杨笑含

转眼间，为期七天的夏令营就要落幕了。我们还剩下不到一天的时间，我们从相逢到相知，短短的一周里，充满欢声笑语。

七天的时光，稍纵即逝。但这七天，我却无比充实，我遇到了更好的人，碰到了更好的事，看到了更美的风景，度过了更美的时光……就因为更好和更美，所以现在的分离才更令人伤感。但是人有悲欢离合，我们总要分离，也许以后很难再见，但我会记住你们，在我生命里出现过的你们——老师、同学和共同行动里的所有亲人，我会永远记住你们……

这段时光里，因为共同行动的叔叔阿姨们的辛勤付出，我体验了很多，是共同行动让我遇到Cassie，这个可爱的善良的美国人；是共同行动带我走进另一个天地,看到更美的世界；是共同行动让我知道有人在为我辛勤付出。我无以为报，现在只能更努力地学习。

如果可以，希望没有落日；如果可以，希望明天不要到来；如果可以，希望可以永远看到你们的笑脸……但，一切都是“如果”，地球依然在旋转，太阳依旧在东升西落，星辰依旧如此耀眼，我们迟早要分离，但一切的“如果”，都是我内心深处的情感，即使不会实现，我也知道，我很珍惜你们每个人。

我很庆幸自己可以来到共同行动大家庭，我很庆幸自己参加了本次夏令营，我想未来我们相遇在某个街头，也许我说不出你们的名字，但我永远记得你们，你们和我一样，我们是共同行动的一分子，我们是家人。

有欢乐就有烦恼，有幸福就有不幸，有笑声就有泪水，有正

临西实验中学的学生第一次参观河北博物院，这让他们无比兴奋

面就有反面，有光明就有黑暗，任何事物都存在对立面，就像因为当初相识的兴奋、相处的喜悦，所以才有要分离的不舍和心痛。我们曾经在同一个课堂、同一个角落听同一个老师讲课，我们曾经在同一个超市吃同一种零食，我们曾经在同一片草地听同一首歌，我们曾经在同一个观众席感叹同一场节目，我们曾经在同一条街道拍了同一张照片，也许今后我们很难相逢，但是谢谢你们给我的曾经。因为它很美好，所以我很珍惜。

真希望时间可以慢点。感谢共同行动给了我这次幸福的旅行。谢谢大家为我编织了一段幸福的记忆，我会好好珍惜的。

共同行动的叔叔阿姨们，我爱你们；亲爱的外教们，你们辛苦了，我爱你们；可爱的同学们，我会想你们的。

临西实验中学　0760082　郭家家

闭营仪式上临西实验中学帮扶点学生表演节目

来到夏令营的这几天，我懂得了许多，也开了眼界，早上起床时，我会不拖拉，迅速站队；运动时，我会积极参与，享受大汗淋漓的畅快；吃饭时，我不剩饭，不浪费农民伯伯的辛苦成果；用水时，我不浪费水，坚持节约每一滴水；在班里，我学会了团结友爱；在宿舍，我体会到互相帮助的友情。

昨天晚上我们一起捏了饺子，看着同学们的笑脸和我们捏的奇形怪状的饺子（我觉得还挺好看），我不禁露出了我的小白牙。真好，在这里我感受到家的温馨。晚上，各个宿舍的宿舍长都对舍友做了介绍，听着别的宿舍长介绍时，我心里有点着急，因为我的宿舍长小雨只问了我的帮扶编号。别的知不知道呢？但是后来我发现，这些担心是多余的，我亲爱的舍长不仅知道我来自赞皇中学，还知道我18岁。这太令我吃惊了，后来问起这件事时，她说："我听你说过，你是赞皇的，2000年出生。"我不禁有些尴尬，我都不记得什么时候说的。但又有些开心，我想这就是家人吧，你不经意间的话语，她都会记得很清楚。

还有志愿者们，尽管有的老师只有十七八岁，有的还在上学，但他们都在默默付出。我更加坚定了以后要当志愿者的决心，我身上还承担着将爱传递下去的责任！他们的无私奉献精神值得我们每个人学习。

昨天的我还经历了一件很开心的事，就是在与外教合影时，我鼓足了勇气去找蒋老师，没想到蒋老师特别高兴地说："当然可以啊！"还与我照了三张照片。I'm very excited。以前在学校见到老师时，因为胆子小，虽然想上去交流，但都没有勇气。

真的很感谢你们，谢谢共同行动，谢谢外教，谢谢各位同学，谢谢学校，我真的很高兴能遇见你们。Thank you very much.

赞皇中学 0150362 张紫倩

2017.7.19

赞皇中学帮扶点参加夏令营的同学和外教合影

我到夏令营的第一天，面对众多的陌生面孔，紧张占据了我的心头，一切都是那么的陌生。第一晚的开营仪式，第二晚的范老师演讲，第三晚高岚老师的人生规划，第四晚苏老师的海归经历，第五晚宋宁老师的职业介绍，第六晚宿舍成员的介绍，我们白天上课，晚上有丰富有趣的活动，每天都是那么的精彩、充实。非常荣幸能够来到这个夏令营。

在宿舍里，我的宿舍包括我一共八人，可以说一开始我们谁都不认识谁，第一天晚上宿舍的气氛很尴尬，但是第二天就不一样了，我们开始谈论一天的经历、心得，我们互加为QQ好友，经常一起聊天，我很高兴能够认识这些朋友，他们都很热情大方，真的很喜欢他们。

新河中学　0330240　常玉莹

2017.11.13

2017年7月30日我们第四期营员到来，7月31日我们正式与外教见面。时光匆匆流逝，转瞬间到了离别的日子。在这段短短的时间里，我们培养了特殊的亲情。而这就应该感谢共同行动了，是共同行动给了我们相遇的机会，是共同行动的爱心人士和志愿者在背后为我们默默付出。

虽然我们每个班级都是由不同学校的学生构成的，但通过这几天的融洽相处，我们成了要好的朋友。我认为我自己在这段旅程中收获也甚多。我不仅长了见识，也在游戏中学到了知识，更体会到外教对我们的爱护、热情、友好与鼓励，也体会到共同行动爱心人士及志愿者哥哥、姐姐对我们每个人的关心、爱护及教育。心中有千言万语，却表不尽我内心的激动与感慨！

新河中学　0330230　杨存洁

2017.8.31

今天是夏令营的倒数第二天，夏令营即将结束，我心中万般不舍，舍不得外教，舍不得志愿者，舍不得在这里认识的朋友，舍不得这里的一切。

在这里的每一天我都非常开心。时光飞逝，离别的日子已经到了。进营第一天，对我来说这里的一切都很陌生，陌生的人，陌生的事，陌生的地方，经过这几天，我已对这里熟悉了，熟悉的人、事，熟悉的地方。

我的外教是Cassie，她非常有趣，她还让我们班的学生和她的丈夫Michael、妹妹们视频，问一些问题，锻炼我们的口语。Cassie非常有能力，总是让我们在游戏中学会英语，她让我们玩了许多游戏，都非常有趣，在这儿我就不一一列举了。Cassie is the best teacher, I like her. 昨天下午我们和Cassie拍了照，虽然舍不得与Cassie分别，但分别的日子总是要来的，迟早要面对，我们班的人都没有哭，并不是因为我们和Cassie感情不深，而是因为Mike说不要哭。

孩子们受外教感染，变得越来越开朗

每天早上的文体时间使我们锻炼了身体，增强了体质。每天都有特别的项目，第一天是无人机，第二天是健美操和

搏击，第三天是篮球和足球，第四天是棒球，第五天是跆拳道，每天的项目都非常好，让我们长了见识，

每天晚上的素质教育课提高了我们的素质，使我感触颇深——我们要讲文明，做好自己的人生规划，选自己爱的专业。

共同行动举办的这次外教夏令营活动使我感触颇深，长了见识，不再局限于我们的小地方，感谢共同行动。

临城二中　0520127　高惠雨

2017.8.6

有三个同学在我们第二期夏令营中过生日，我因为跟他们没有说过话，所以只能在这里表达我对他们的祝福："希望你们可以在未来的日子里勿忘初心。"

今天是倒数第二天，我本以为应该像原来在学校一样，一到星期天就兴奋，但现在不一样了，我舍不得这里，舍不得每一个人，因为我每天在大家的鼓励与关爱中成长。我在这里结识了好多朋友，他们真的就像家人，我们在一起无话不说。我向往今后的生活，但现在我最想停留在昨天，大家一起玩游戏，一起拍照。

很感谢共同行动大家长们的关心与这几天的付出，感谢大哥哥和大姐姐们的帮助，感谢夏令营让我认识了好多家人，这里的一切都是我最想留住的幸福，今后我一定会更加努力学习，用自己的光芒照耀每一个人，帮助那些就像在砖缝中生长的小草的

人，把共同行动的精神传承下去。

涉县鹿头中学　0370090　王淑霞

2017.7.22

宿舍，别有一番风味。从一开始的不适应到后来的无话不谈，这无疑是一种友谊的飞跃，她们说我们是六个小天使，其实我也是这样认为的，我们是来自不同地区的六个小天使，没有天使般的容颜，但有天使般的内心。

要离别了，泪水滑下，感动充斥内心。

固阳二中　0300182　王梦婷

7月31日，我有了另一个名字——Ella，这是我的外教给我起的，我和老师说的第一句话是“Hello”。

一开始，一天八节课，全英语式课堂，我几乎听不懂老师说的是什么，心里不免有些着急，之后一点点进步，希望能用流利的英语回答外教的问题。

早晨起来，我们就要去操场集合，跑步，锻炼身体，之后有大约50分钟的文体时间（找自己喜欢的运动项目）。印象很深的事就是某一天我是穿着裙子去的。即使是长及脚腕的裙子，也很不方便。那天，我是和同班同学凯蒂一起去的，不到十几分钟，我就自觉地下来了，安安静静地坐在一旁看她们打球，有一种心有余而力不足的感觉。在此，我提醒下一届的同学们，文体时间千万不要穿裙子。

我的教室在三楼，四面墙中有两面上全是镜子，不用担心发型不合适什么的，我的座位在第一排最右侧，自然回答问题的时候很有可能是最后一个。我从一开始的犹豫不决，到后来眼巴巴望着外教等待提问，就差高举右手，说“me，me，me”了。

外教经常和我们做游戏，当然大部分是关于英语的，不过我认为很有趣，每次都全身心投入。昨天与外教做最后一个互动时，我看到外教眼里湿湿的。

再一次唱了外教教给我们的两首英文歌，和外教一起在衣服上签下自己的名字，成为最宝贵的回忆。

谢谢共同行动的爱心人士和志愿者，如果没有你们，我不会度过这么令人难忘的一周，也不会认识这么多朋友。

虽然只认识了一周，而且我没有刻意记住他们叫什么，来自哪里，来自哪个学校，但我能记住他们的脸，希望能够再见。

马上就要离校了，突然有些舍不得。即便是我人生中的一小部分，但我依旧希望能停留在这一刻，保留那些笑脸，不愿看到有人落泪。

宁晋中学　0730003　张聪

2017.8.31

首先，非常感谢你们能给我这次机会。遇到你们，我非常高兴，你们都非常友善。

刚刚来到这里的时候，我非常担心，因为这是我第一次到这么远的地方，再加上这次夏令营是全封闭外教夏令营，而我的英语成绩也不怎么样。到这之前我有无数的担心，也有无数的好奇。担心的是外教教的我能不能听懂，外教的教学方式我喜不喜欢，能不能和新朋友相处好等。同时，我也非常想见到志愿者哥哥姐姐们，还有新朋友，更重要的是非常想见到我们的外教。

来到这里之后，我非常开心，同时也感到这几天过得非常快，志愿者哥哥姐姐们非常可爱，也非常关心我们，还给我们送吃的。外教们也都非常活泼，他们的教学方式也都非常有趣，我对英语产生了深厚的兴趣。我的新朋友们也都非常随和。

在第一节课上，我认识了我们非常活泼的Emily。我们的外教上课时是让我们从游戏中学到新的知识，和我们以前的上课方式完全不一样。我非常喜欢他们的教学方式，因为他们的教学方式能使我们快乐，而且一点也不疲惫。

再次感谢共同行动能让我认识这些活泼、开朗的外教和可爱的志愿者哥哥姐姐们，还有来自内蒙古的朋友。

这次夏令营，我感觉我吃了一顿非常丰盛的精神大餐！我非常喜欢这次夏令营，也非常喜欢可爱的你们。

临西二中　0050305　于明玉

说到舍友，曲海涛是我认识的第一个同学。我们见面说的第一句话竟然是“对不起”和“没关系”。反正，我们就是这样认识的。很快，我和宿舍的每个同学都熟络了起来。我们聊自己的学校，自己的家乡，甚至聊自己的家人，我觉得我们宿舍是非常和谐的。

吴桥中学　0060255　吴爽

在这七天期间，有一个事是令我感触挺深的，就是我们亲爱的407宿舍，大家一开始都不好意思说话，直到第二天才开始慢慢交流。我们宿舍有六个人，四个高二的，两个初中的。我发现大家是如此的真诚、友爱，我们相处时间不长，但感情不浅。昨天让宿舍长上台发言，介绍自己的宿舍成员，宿舍老四说了一句话让我非常感动，她说："老二就像太阳一样温暖，发光发热。"以前总是茫然，初中毕业让我一下变得成熟，变得不喜欢与人交谈。我们班的一个同学说我给人的感觉是灰色的，一点光和热也没有，其实，若环境能给予我一些光与热，我必定也会还给环境光与热。夏令营太温暖了，让我变得温暖，进而温暖我身边的朋友。

深州中学　0130217　贾晓宇

2017.8.6

在夏令营的五天里，我有很多感触。我们来自六个不同的学校，但是我们能友好地相处五天，在学习上互相帮助，在生活上互相关心，我们融入了一个大的家庭。

我非常荣幸能分到Cassie的班里，和21名同学一起学习。我们班有一个18岁的姐姐，就是我的同桌，有四五个15岁的小妹妹，我就是其中的一个。在这个班级里有许多的大哥哥和大姐姐，他们在学习上都很帮助我，在这里我要向他们说一声“谢谢”。

临城二中　0520143　宋晗熙

今天是我参加共同行动夏令营的第四天，还有三天夏令营就结束了。

入营那天，我很茫然，新的宿舍成员有一张张陌生的面孔，一种种不同的口音，新的同学，新的老师，陌生的城市，陌生的校园，一切都是陌生的。

上课第一天，英语老师一开口我就惊呆了，完全听不懂英语老师在说什么，但后来，我也能大概听明白英语老师想表达什么了。我也和新舍友成了朋友，渐渐熟络了起来。我成功突破了自己，打破了胆小和怯懦。

昨天晚上我听了高岚老师讲的课，他告诉我们有规划的人生更精彩，他告诉我们人生一定要有目标。我也相信有了目标的自己会有更精彩的未来。

今天晚上我听了一位从美国回到中国的志愿者的演讲，他讲述了他在外留学四年的经历，也使我感触很深。

说真的，这个夏令营让我收获了许多，让我学会与人交流，增强了社交能力，同时我也收获了更多的友情，还交了一个很好的朋友，就是我的外教，他人很好，他会用他自己的方式来鼓励我们，他有独特的教学方式，他能用他自己的方式来表达，即使我们听不懂他要说的话，却能猜出他说的意思。

开营四天了，我学到了很多很多，同时我也期待未来三天的课程，为了自己加油！

临城二中　0520150　孙涵墨

2017.8.2

今天，夏令营的外教课程已经结束了。这五天看似非常短暂，对我来说却意义非凡。在这短暂的五天里，我学会了与人交流，并和他们成了朋友，也学会了与外教用英语交流，变得外向、自信了。在这个夏令营，我觉得我成长了许多。

首先，在这期间我认识了我宿舍里的小姐姐们，她们每天和我一样，白天上外教课，晚上还要在宿舍里写作业。我曾经问过她们："你们为什么这么辛苦地学习呢？"她们说："要想成才就必须付出百分之百的努力。否则你将一事无成。"姐姐们的话深深地打动了我，也让我明白了：学习是我们唯一的出路，我们只有不断地学习才能拥有好的未来。少壮不努力，老大徒伤悲。我觉得宿舍里的姐姐都是我的榜样。我觉得我应该向她们学习，看到她们每天在学习，于是我每次回宿舍时都小心翼翼。

其次，我也认识了我的外教Barbara。她是个非常和蔼又幽默的老师，她每天都会变着花样让我们在快乐中学习，在玩耍中汲取我们所需要的知识。在分别时，我们的老师Barbara哭了，我想对她说："Teacher, don't cry."我们会永远记住她的。

在这夏令营结束之际，我想对这个组织说："共同行动，感谢你能让我参加这次夏令营活动。"

最后，祝愿共同行动的叔叔阿姨、哥哥姐姐们，工作顺利，身体健康，万事如意。

涉县原曲中学　0590080　刘文旭

2017.8.5

夏令营马上就要结束了，我心中生出无限的不舍。与外教相处了五天，马上就要与他们分别了，好多同学都哭了。在这五天里，同一宿舍的舍友们也都有了感情，虽然这次活动过后我们就要分离，但相信这份情意将永不褪色。

就在昨天晚上，所有宿舍长都被请上台介绍他们的宿舍成员。宿舍长们幽默诙谐的讲话引得同学们哈哈大笑。从他们熟练地说出宿舍成员的姓名、年龄、所在学校以及兴趣爱好，我们不难看出，他们都相处得很好。

昨晚回到宿舍时，我们都在彼此的衬衫上签上名字，以作留念。我们巧妙避开分离的话题，让最后的记忆都停留在彼此温暖的笑容中，不让泪水模糊了双眼。最让我伤心的是我们即将与外教分别，虽然很多时候我们都语言不通，但我们能从彼此的眼睛与动作中读懂对方想要表达的意思。在这五天里，我们相处得很愉快，因此分别时才更悲伤。

这次活动已接近尾声，我们也将离开这儿，离开可爱的外教，离开贴心的志愿者们，离开充满活力的同学们，而以后我们会遇上更多的人，经历更多的事，走过更多的地方，但我相信我永远不会忘记这里的欢笑！

宁晋中学　0730020　王童童

2017.8.31

时光荏苒，白驹过隙。时光如细沙般悄悄从手里滑落。七天转瞬即逝，留给我的只有无限的回忆。

我始终坚信，相遇便是缘。在这个夏天，艾丽丝给了我最疯狂的渴望，她以她们美国独特的教育方式勾起我对未来的疯狂、对梦想的信念，让我从一个害羞的小孩成长为一个“不要脸”的男孩。就像苏老师所说的那样——“学习，必须有一种不要脸的信念”。还有老麦克、高顿这两个幽默无比的老绅士，他们让我看到了知识没有国界，学习没有限制，人生充满乐趣。最让我吃惊的是高顿夫妇待我如他们的孩子那般，告诫我要学会理解、尊重他人。总之这群外国人是我今后生活中最无法忘怀的。

共同行动是我第二个家，那些小哥哥、小姐姐对我如家人一般。我和金芳姐如亲姐妹一般，还有亮哥和婷姐，能遇到你们是我的幸运。

陪伴是最好的爱，可以抵挡世界上的所有坚刺，可以温暖生命中的所有年华。我感谢共同行动给了我一个完美的家，是你们伴我成长，为我指路。共同行动，我的未来有你，真好。天下没有不散的筵席，此刻的分离，是为了更好地相遇。

宁晋中学　0730088　靳亚召

我充满好奇地开始了夏令营的第一天，又带着不舍过完夏令营的最后一天。在这七天里我学会了很多，见到许多。每天的文体时间都能让我非常兴奋，因为那些老师的教学项目都是我喜欢

志愿者送学生们离营

健美操

的。舍友都来自不同地方，我们宿舍来自内蒙古的银羽枫跟我们分享内蒙古的有趣故事，和我们开玩笑，使我们羡慕得都恨不得回家就去内蒙古玩。那里有蓝天白云，有无边无际的大草原。我们非常舍不得分开，因为在一起，我们很快乐。

不管怎样舍不得，总归要分开。我们留下了彼此的手机号码，踏上了回家的路。希望以后有机会能够再次相聚。

在我们这个家庭里留下了很多美好的回忆！真的舍不得。

任县中学　0810005　李飘飘

时间过得真快啊，已经过去了四天，每天我都会学习不同的知识。晨练时我学习了花样跳绳、健美操还有柔道。这四天来幽默的外教教我们口语，和我们做游戏，教我们唱歌。外教在第一节课上给我起了个英文名字——Paige，我非常喜欢这个名字。

我是今年才加入共同行动的。第一次参加夏令营，我认识了来自内蒙古、威县、吴桥等地方的同学，很高兴我们结了缘分。我离开家乡来到这么远的石家庄，难免有些思乡，但我和你们一起玩，一起学习，忘记了忧愁。

通过这一次夏令营活动，我对英语越来越感兴趣。我要不断改进自己学习英语的方法，使自己的英语成绩更上一层楼。我对外教表示真诚的感谢！感谢你们让我懂得了英语是一门语言，我应该尽心尽力地学好它，也应该尽心尽力地练习自己的口语，所以在接下来的夏令营生活中，我要更加珍惜这次来之不易的机会。

任县中学　0810023　郭雨欢

你们好，我是赵新革，来自威县二中，我的编号是0830038。很高兴之前能够选择来参加夏令营。

说实话，刚来到夏令营的时候，我心里挺抵触的，因为大家来自不同的地方，我这么一个性格内向的女生有点不知道该怎样和大家相处。

签完到我们就各自回宿舍了，好大的宿舍。那时候来自内蒙古的文婧已经到了，她对我说："Hello."之后几天，我们宿舍里的五个人也渐渐熟了起来，一起唱歌，一起调侃我们的小猪哥。就这样一周就要过完了，明天我们这个小窝就要散了，虽然都是共同行动的成员，但以后还有见面的机会吗？时间短暂，真情却在。

还有我们可爱、活泼的外教Emily和Jacob，他们每天变着花样教我们英语，让我们爱上英语，让我们体验一种不同的教学方式，很喜欢这种方式，看着同学们积极和外教交流，我也鼓起勇气和他们进行简单的交流。我们像朋友一样，玩着玩着就学到了知识。感谢他们！

希望共同行动能够多组织这样的活动，也让我有机会再见到我们宿舍的小可爱们。

感谢共同行动，相遇很美好！

威县二中　0830038　赵新革

领完生活用品后，孩子们前往宿舍

第五期夏令营成员在闭营仪式后大合影。

不一样的收获

来到这个夏令营，我感觉自己做了一个十分正确的选择，在这里我不再像井底之蛙一样看待世界，我感到学习英语的乐趣，我认识了来自不同学校的同学。我一直坚信相逢是一种缘。缘分两字微妙而不可言。因为一种缘，我知道了共同行动；因为一种分，我成为共同行动的一员。

夏令营还未结束，它却使我改变如此大，我想以后或许会有更大的影响。老师说："夏令营或许给不了你多大影响，但它可以让你开阔眼界。"我感觉现在它已深刻影响了我。

邱县一中　0020301　袁冰珂

记得范老师给我们讲的第一堂素质教育课，大致内容——我们需要向亲人传递我们的爱，以实际行动去证实，而不是藏在心里。虽然我现在还没有进步到将"我爱你"说给我的妈妈，但我在努力，我这两天一直在跟她通电话，大事小事都给她说，而且通过电话我也听到她的笑声，她很快乐。可是我并不满足，我总觉得这还不够，作为女儿，我要指出她的不同之处。但我需要先从自己抓起，让自己改变，让母亲慢慢发现，让我们一块进步。

宁晋中学　0370088　连佩瑶

2017.7.19

俗语有云"十年修得同船渡，百年修得共枕眠"。在这炎炎

Jacob班级合影

夏日，我们200多名共同行动成员相聚石家庄，我们共洒汗水，共度光阴。能参加这次夏令营实属不易，我怀着激动的心情来到这里，在这次夏令营中我们学到了很多，收获了很多。

一周的时间说长也不长，说短也不短，或许一生中我们有很多七天，但这个暑假中我们又有多少天呢？特别是在这么一次充满欢声笑语的夏令营活动中，七天的时间显得尤其短暂，但在这短暂的日子里，我们的生活是如此的充实，如此的丰富多彩。

在这里，同学们从陌生到熟悉，面对外教从羞涩到落落大方，对待志愿者老师从漠不关心到彬彬有礼，这一切的改变都因为我们是一家人。不知不觉这一周就要过去了，仿佛昨天我们才刚刚入营，志愿者哥哥姐姐带我们去签到，帮我们拿行李，刚来时的一切还是那样的记忆犹新，这次夏令营中令我难忘的事真的有很多很多。

深州一中　0110325　康瑶

2017.7.22

共同行动是一个公益机构，在这个大家庭里我感受到温暖。我们刚入营时，老师在大会上说我们是一家人，每个同学都是我们这个大家庭的一员。我相信，这次夏令营将是我人生历程中一个很重要的转折点。因为这次训练营，我结交了朋友，收获了友谊；和外教一起学习，我收获了知识；得到共同行动的关心，我收到了温暖；能够在课上积极发言，我收获了自信。

感谢共同行动以及背后默默付出的人。

馆陶县实验中学　0350548　崔润欣

首先，我要感谢共同行动给了我这次参加夏令营的机会，让我第一次看到真正的外教，听到正宗的英语课，认识很多朋友。在夏令营的这几天对我的成长有很大帮助，在这里我认识了很多和我年龄相仿的小伙伴，我们一起打扫卫生，一起合作写英语发言稿，一起畅谈自己的经历，一同成长。在这里我拥有了一位漂亮的外教——Emily，她带领我们做游戏来提高我们的英语水平，她认真听我们说不完整的英语句子，并耐心为我们纠错。在这里带队老师带我们去参观博物馆，了解更多的古代文化。在这里有太多美好的回忆。

其次，我要感谢秘书处和志愿者老师们，感谢他们不畏风雨地为我们操劳。我们都知道志愿者们每天比我们起得早，来看我们起床后到操场的运动。白天忙着开会，讨论怎样才能让我们更好地成长，为我们检查卫生，监督我们好好吃饭。我还要感谢食堂的叔叔阿姨不畏酷暑地为我们做饭，发现我们更喜欢馒头，所以减少了我们不习惯的米饭，增加了馒头的量。我更要感激我们的外教，正是因为有了他们，我们才学会了唱英文歌，学会了更多的英语单词，了解了更多的美国文化。我要感谢我的宿舍成员，感谢他们对我的爱。

离营前同学们打扫校园

有了这么多爱，才有了我今天的成长。有了这么多亲情、友情、师生情，才有了我今天的独立人格。有了这么多关怀，才有了今天的我。在夏令营中，没有学校的考试压力，没有老师的严格批评，只有我和你两个称呼，只有我教你汉语，你教我英语；我教你弹钢琴，你教我打篮球，简单而快乐地生活。

是的，这次夏令营锻炼了我的能力，增长了我的见识，更重要的是增强了我的自信心，让我有勇气站在舞台上大声、流畅地与大家分享我的点滴。我十分骄傲，因为我能参加这次夏令营；也十分感动，因为我有参加这次夏令营的机会。我知道不是人人都可以参加这次活动，所以我格外珍惜这次机会，我认真去做老师交代的各项任务，积极向外教提问，上课认真听老师讲的每一句话。

最后我仍要感谢共同行动基金会给了我这次参加夏令营活动的机会，我要对所有的人说一声谢谢。

饶阳中学　0160416　邢晶晶

转眼间，夏令营就要结束了，在这几天中，我们收获了许多知识、许多欢笑和许多朋友，也开阔了视野，丰富了知识。

记得刚来的时候，我们彼此不认识，但是在宿舍里我们都向彼此打招呼，整个宿舍充满了欢声笑语，在这欢声笑语中，我们建立了友谊。

我们刚见外教时，我们被他们的热情打败了。上课时我们都不敢说话，但是外教总能带着我们一起说，哪怕说得不好，她也不会嘲笑我们，而是一遍一遍地教我们。

食堂的叔叔阿姨会变着花样给我们做饭，让我们不会厌倦。吃不饱可以再拿，吃不了可以还回去，总之不要浪费食物，因为这是农民们辛辛苦苦种出来的，这是我学到的最宝贵的知识。

这一切都是共同行动给我们的，如果没有这个夏令营，没有这次机会，我们可能不会看到外面的世界，也不会看到来自美国的外国人，所以我们要感谢共同行动。

魏僧寨中学　0340302　史佳文

索堡中学帮扶点参加夏令营的同学和外教Alice合影留念

在参加夏令营之前，我还有点不想来，因为我是一个比较内向的女孩子。我不想和他人交流，不会和陌生人沟通。但是我知道这是一次机会，可以提高我的英语口语水平，所以我来了。

来到这儿之后，我非常感动，身边的每件小事都影响着我。外教是美国人，他们不远万里来到中国给我们上课，而这里没有空调，所有老师都中暑了，但他们仍坚持给我们上课，我非常感动。在食堂打饭时，师傅们都很关心我们，经常告诉我们不够再加，他们的这一举动感动了多少人啊！还有我们的志愿者们，他们非常辛苦，他们放弃了假期，来陪我们、照顾我们。教室里没有空调，他们想尽办法让我们可以在有空调的教室中学习，他们多为我们着想啊！

在这次外教夏令营中，我也学到了很多，改变了很多。我变得越来越活泼、开心，也愿意和别人沟通了。我学会为他人着想，不光想着自己。在学校里碰见外教也变得不那么害羞，我还主动和外教打招呼。在宿舍里，我是最小的成员，她们都是我的姐姐，当我遇到困难时，她们都努力帮助我，我很开心。

我也会努力学习，来回报共同行动对我的爱和关心。

涉县索堡中学　0390193　师志静

时光荏苒，转眼间夏令营就结束了，在这期间，虽然有些辛苦，但我获得了许多感动和突破。例如我第一次用英语向外教提建议，第一次站在讲台上介绍自己，第一次用英语和同学交

第一次拿到全是英文的证书

磁县一中帮扶点参加夏令营的师生合影

流，这全都意味着，我突破自身的局限，我有能力也有勇气表达自己了。

在这几天，一切事物都是新的。在与别人相处的过程中，我学会了尊重和容忍。课上新颖的内容，让我开阔了眼界，学会了思考和认真听讲。餐厅有秩序地就餐，使我认识到做人要有规矩、懂规矩和守规矩。外出集体活动的经历，使我明白要听从老师的安排，出门在外，安全第一。在这短短七天里，我学会了这么多。当然，在这期间我仍有许许多多的遗憾：没有主动与同学打交道，不敢与志愿者交谈，失去了许许多多的机会。有得就有失，明白自己的不足，才能更好地进步。我希望以后能更多关注共同行动，因为我明白，机会只留给有准备的人。我要把握机会锻炼自己，提高自己。我要全面发展个人素质。

磁县一中　0750059　张子涛

2017.7.15

时光飞逝，转眼间夏令营已过去一半，经过三天多的磨合，我已经渐渐融入这个大家庭。我刚刚来到这里的时候，可以说是人生地不熟，可当我请求他人帮忙时，我得到的是一个一个温暖的笑脸和柔声的话语，仿佛一缕缕阳光照进了我孤独的心灵，将我心口的寒冰一点点融化，沉默寡言的我渐渐变得开朗。共同行动这个温暖的大家庭让我感受到人性的光辉，教会我如何去爱。

这几天中每天的生活都多姿多彩，一个个惊喜悄悄降临在我身边。与此同时，我也学到很多，在集体完成任务时我学会了团结；在上英语课时我学会了勇敢；在听设计师精彩演讲后，我学会了追梦；在参观博物馆后，我领略了河北悠久的历史。共同行动造就了我人生中一个个的“第一次”，让我看到了窗外的天空，发现了生活的目标，找到了前进的动力。

当然在这几天中令我印象最深刻的无疑是我们上课时日日陪伴我们的外教，老师的鼓励使我在入营之前的忧虑烟消云散，从一开始的生涩地回应到如今积极熟练地向老师打招呼，这是我之前连想都未曾想过的，外教幽默风趣的纯正英语以及生动的肢体语言使我对英语有了一个崭新的认识，并激发了我学习英语的兴趣，这使我的英语学习有了一个质的飞跃。

我相信这几天的经历将会在我人生中留下不可磨灭的印记，甚至对我的人生产生巨大影响，我会好好珍惜未来几天的生活。

最后特别向共同行动基金会以及各位志愿者和不远万里来到中国的外教们表示由衷的感谢，是你们教会我知识、道理，是你们助我成长。

深州一中　0110343　牛媛媛

2017.7.19

来夏令营已经四天了，感慨很多。首先对于“志愿”这个词有了较深的理解。我们身边有很多志愿者在默默为我们付出，无论共同行动的发起者，还是自愿牺牲假期来照顾我们的学长，还是无偿为我们提供营养餐的厨师们，都是最可爱的人。他们的付出帮我更好地成长。我立志成为他们那样的人，为社会出一份力。

素质教育课让我懂得了自尊、自爱，更重要的是心中有别人，我觉得这将使我受益终身。

活泼可爱、幽默风趣的外教们，带给我许多欢乐。英语不再是课堂上枯燥的单词，它们有了生命力，活蹦乱跳，令人喜欢。印象最深的是第二天下午的游戏，外教布置了20个任务，让我们分组完成，我们在游戏中用英语和外教们对话，充满乐趣，我发现说出英语并没有那么难。外教夸我们很棒。他们常常会说“good job”“very good”，他们说得最多的是“thank you”。我想人与人的友好就应该靠这些词来建立。我的视野更加开阔了，我明白自己想要什么。

下课后，孩子们不再害羞，开始主动向老师请教问题

接下来，我会一直做一个上进的孩子。

饶阳中学　0160398　杨雪娇

周日我就从学校来到了石家庄夏令营场地，至今已经三天了。在这三天中，我学到许多，不仅仅是英语知识，更多的是做人的道理，而这些全部源于共同行动给我的机会。谢谢！

共同行动就像一缕阳光，照亮我前方漆黑的路，而这缕阳光越来越亮。

在这几天中，许多志愿者抽出自己的假期陪我们度过夏令营，保护我们，全心全意为我们付出。对此，我表示由衷的感谢。餐厅里的小哥哥们中，有一个只比我们大一岁，另一个还在上学就来帮我们做饭，尽量使我们吃上可口的饭菜。除了他们还有许多这样的志愿者，我们真的很感谢他们。

这几天，我学到了许多，最直观的就是我的英语水平提高了许多，听力与口语水平提高了许多。更重要的是共同行动的志愿者们用自己的耐心及努力教会了我一个又一个人生道理：“锄禾日当午，汗滴禾下土。谁知盘中餐，粒粒皆辛苦。”粮食是用辛勤劳动换来的，要节约粮食；努力学习的前提是身体健康，要想身体健康就应该多锻炼身体；我是女生，一定要做一个合格的女生，我会像老师所讲的一样努力奋斗。老师还教会我处理生活中的小细节，我受益匪浅。

最后祝共同行动继续发扬光大，志愿者们生活幸福!

魏僧寨中学　0340283　郭春莹

来到这儿已经三天了，在这三天中我学到了很多，从开始的不敢上台演讲到现在的大胆发言，从开始的腼腆到现在的活泼，从开始的不与同学交流到现在的大胆交流。很感谢共同行动给了我这个机会，让我更加活泼开朗，同时也明白了很多道理。

共同行动是一个民间组织，它是由爱心人士组建的，他们愿意帮助那些能进步的贫困中学生，让那些贫困孩子不因为学费问题而耽误了自己的学业。共同行动不要求我们回报什么，只想让我们无忧无虑地完成学业。

刚到夏令营的时候，一切都那么陌生，我生怕自己哪里做得不够好而被同学们嘲笑。但很快，我的这个想法就被打破了。我发现同学们都十分热情，他们都愿意交更多的朋友。

在宿舍收拾好东西后，我们就去食堂吃饭，发现人非常多，可以说是人山人海。吃完饭后，我回到宿舍，发现舍友们都在，他们都热情地和我打招呼。我们互相了解，建立了友谊。

一开始我并不喜欢英语，我觉得老师讲得很枯燥，听着容易犯困。可是，我发现外教们并不是这样，他们都非常热情，他们用游戏提高我们的听课效率，让我们爱上英语，不再讨厌它。

共同行动是爱的存在。因为共同行动，我们在成长的道路上不再孤单。谢谢共同行动给了我这次机会，让我来到这里。我一定会好好学习，遵守纪律，尊敬师长。

魏僧寨中学　0340302　史佳文

2017.7.26

共同行动像一缕阳光，而我们就像阳光下的花朵。因为共同行动，我们才能更加茁壮地生长！共同行动像一场贵如油的春雨，而我们就像地上的嫩草。因为共同行动，我们得到滋润。因为共同行动，我们看到了希望。

非常感谢共同行动的无私给予，千言万语也不能道尽我对共同行动的感激。

在这次为期一周的夏令营中，我学会了许多，也改变了许多。这次夏令营是我人生中一座新的里程碑，也是我人生中一个转折点。在这里我改掉了浪费粮食的坏习惯。那一天因为我们浪费粮食的现象极为严重，我们的带队老师给我们讲了一些道理，并且让我们走到餐厅第一件事就是大声背“锄禾日当午，汗滴禾下土。谁知盘中餐，粒粒皆辛苦”。背完之后，我深有感悟。这首诗给了我思想上的洗礼，回想以前我吃了一半就倒掉的饭菜，真是令人羞愧。

自从张国生老师给我们讲了足球之后，我感觉自己不会再为那些小事斤斤计较了。足球场上，别人把我们绊倒了，我们要自己站起来，要和对手握手。在生活中，和同学们闹了矛盾，我们也不应该斤斤计较。

我很想长大后成为一名dancer,但是我没有从小就练舞蹈，身体的柔韧性不是很好，自从上了外教的那一节课，我对自己充

瞧，听得多认真

满了信心。我的老师对我说了一句话，翻译成汉语就是“只要你想，就一定能做到”，我会时刻把这句话铭记在心，并为我的梦想而努力奋斗。

共同行动的宗旨是“帮助能进步、愿意进步的贫困县乡中学生”。也许在短时间内我不能做到最好，但是在以后我会努力在各方面都进步，就像周杰伦唱的《蜗牛》里面的一句歌词：“我要一步一步往上爬，等待阳光静静看着它的脸，小小的天有大大的梦想。”

非常感谢共同行动给予我的帮助。有一句话叫赠人玫瑰，手留余香，相信共同行动的前景一定会更加光明！千言万语也道不尽我对共同行动的感激，我长大后也要当一名共同行动的志愿者，把这种无私奉献的精神和这份爱心传递下去。

魏僧寨中学　0340323　张玉雯

2017.7.26

在本次暑假期间由共同行动举办的全封闭外教夏令营已经接近尾声。

在这次活动中我成长了。初来之际，我是一个什么都不懂的学生，只知道和同学一起玩儿，对课堂也很反感，总觉得自己和别人有差距，听不懂外教在说什么。但是几天下来，我的观念发生了改变。我开始慢慢融入集体，也开始融入课堂，基本上可以听懂外教在说什么，而且同学们也特别热情，有什么问题他们也都会为我解答。

在这次活动中，我自信了。从小学到初中，我一直不敢举手回答问题，也不敢上台讲话。而在这次活动中，我参与了上台讲话，因为我是宿舍长，所以必须站在讲台上介绍自己的舍友，在上台前有许多舍友都对我说："不要紧张。"但我就是不由得紧张起来。直到站在台上的那一刻，我才放松下来，原来站在台上并不是什么难事，只要心中坚信"自己能行，自己是最棒的"，紧张的感觉就会慢慢消退，那时，我将是一个全新的我。

在这次活动中，我改变了。这次活动是一个非常有益的活动，有志愿者的帮助和督促，我们每一个人都有所改变，我们会做到最好，也会慢慢成长。

我所有的改变，都是共同行动这个组织和志愿者们共同给予的。所以，我最感谢的还是共同行动和志愿者们，感谢你们！

魏僧寨中学　0340363　宋丽娜

时间过得真快！我们在营地的生活轻松而欢快，从每天早上的体育锻炼、营养丰富的三餐，到轻松有趣的外教课堂，到每天下午都会有的轻松有趣的小游戏，还有晚上的素质教育课，这些都给我们本来单调乏味的假期生活染上了斑斓的色调，也给我们的人生增添了不可磨灭的印记。

从每天早上的体育锻炼，我学到了要热爱生活，热爱运动，强身健体。只有拥有良好的身体素质，才能拥有良好的心理素质，才能更好地学习和生活。而且我还担任了中级一班的体育委员，每天的任务就是收运动器材，从中我懂得了要负责。

每天营养丰富的三餐，是食堂叔叔阿姨们精心为我们准备的，听范老师说，其中还有两位和我们年纪差不多的志愿者，他们是来体验生活的，每天早上四点就起床为我们准备早餐。我们都感受到志愿者的负责和热情，特别是严厉而幽默的范老师，她给我们上了一节素质教育课。她说素质好比学习好更重要，我非常赞同。一个人要是学习好，素质也好，那他一定会大有作为，一个人要是学习好而素质差，那么他就会危害社会。在夏令营，我提高素质，做到了不大声喧哗、打闹，认认真真地排队打饭，在接过饭时对志愿者们说一声谢谢或者给他们一个微笑，不浪费一粒粮食，自己制造的垃圾自己收拾。谢谢范老师，谢谢志愿者哥哥姐姐们，让我们懂得了这么多。

Joel是我们的外教，他很高也很胖，而我们的教室在五楼，他每次上来得费多大的劲儿啊！昨天下午我们做猜字游戏时，他写道："This has been my brightest class so far."意思是"这是目前为止我教的最好的班级"。我看了后真的很感动，我们都爱他，感谢他的陪伴。

最后，我想说，真的非常感谢共同行动能给我这次机会，帮助能进步的贫困中学生，是的，有了你们的帮助，我们一定会进步的。

魏僧寨中学　0340383　陈娟

馆陶实验中学帮扶点学生和带队老师张凤云合影

很荣幸能够加入共同行动组织的外教夏令营，虽然只有短短一周，但我真的收获了很多东西，也意识到自己的不足。

第一，我意识到自己知识储备的不足。外教说的很多英语词汇我都听不明白，听明白的也是一知半解。我深刻意识到自己的单词量太少以及对西方文化的了解也太少。

第二，我意识到自己发音不够好，我发音只是张嘴而已，发音并不纯正，而外教发音却是靠气支撑，再加上她那完美的肢体语言，整个英语课堂其乐融融，让我们陶醉其中。

第三，我意识到自己缺乏自信心，以前上课时总是不敢主动举手回答问题，而外教课上我们回答问题时，她不会嘲笑我们，而是认真地教我们，因此我感觉我的勇气提高了一点点。

我要对共同行动秘书处的爱心人士和外教说一声谢谢，感谢共同行动对我的信任和帮扶。我长大后要加入共同行动，把这份爱继续传递下去。我会尽力去帮助那些需要帮助的人，把爱传递给他人。

馆陶县实验中学　0350474　闫琦

时间过得好快啊！还没来得及和新认识的朋友建立更加深厚的友谊，一周就过完了；还没来得及和外教进行更加深刻的交流，一周就过完了……

但，一切不仅仅只是“来不及”。

已经入营六天了，明天我们就该离营了。从刚来时的懵懂，到现在的自信，我们已经有了不小的变化。这一周发生的事情真的足以用一生去铭记。

等我高中毕业了，我也要做一名共同行动的志愿者，尽我所能去帮助那些需要帮助的人，因为我相信有很多人都在靠陌生人的一点善意而努力做更好的自己。

其实有很多要说，但一提笔就不知该说什么。一周不长也不短，但刚好可以熟悉你们。一句感恩，剩下的我们只有靠行动来实现。

馆陶县实验中学　0350492　李梦涵

馆陶一中参加夏令营的同学与外教合影

今天是夏令营的倒数第二天，也就意味着我们即将离去，即将分别，这种感觉肯定是无法言表的，是伤心，是不舍……总而言之，它于我而言是难忘的。

仍记得刚开营时面对陌生环境的胆怯，这一切都曾让我不安甚至害怕，恐怕多数人都是如此吧。但是随着夏令营的开展，我开始慢慢接受并逐渐熟悉新环境，陌生的面孔也不再陌生，我也和其中一些成为很好的朋友，外教课堂也越来越热闹。让我记忆最深的，是Gordon带我们做一些人表演单词其他人猜的游戏。第一次，我勇敢地举起了手，主动请求表演，这几乎是我整个高中甚至整个学习生涯中第一次毫不犹豫地、心甘情愿地积极参与某项活动，我真的感觉我长大了，我变得勇敢了，相信在以后的学习中，我仍会保持那份勇敢，带着活泼，携着开朗，快乐地走下去。

通过对篮球的接触，我感觉我对它逐渐产生了兴趣，这对于几乎没什么兴趣的我来说真是一笔财富，对我精神的帮助是巨大的。共同行动是这次夏令营的举办方，它一次一次地带给我们惊喜，让我们感觉做共同行动的一分子是非常幸运的事，我仍记得它的宗旨——帮助能进步的贫困中学生，我永远不会忘记那个我们曾许下的誓言——参加工作后接力资助帮扶点在读的共同行动学生。

馆陶一中　0360337　刘英英

“感恩的心，感谢有你……”共同行动，不仅从物质上给予我很大的帮助，更在精神上帮我实现升华，其中重要的一点是让我学会感恩。

以前的我自卑、懦弱，上课从未回答过问题，甚至羞涩得难以说出对父母的爱。但加入共同行动后，我体验了从未经历过的生活，视野不断开阔，许多道理便也想明白了。我能感觉到自己的变化，我在慢慢摆脱自卑，走向自信。而这一切都是因为你——共同行动。

感恩有多个方面，我要对共同行动这一组织感恩：共同行动让我们不留剩饭，教我对农民感恩；共同行动请来负责的外教，教我对优秀的外教感恩；共同行动开展素质教育课，教我对父母感恩，勇敢表达对父母的爱！这一切都源于共同行动。共同行动不仅帮我上学，更助我成长。谢谢共同行动为我们做的一切！

因为你，我懂得感恩。

涉县西戌中学　0380143　王永杰

2017.7.26

参加共同行动外教夏令营已经四天了，四天转瞬即逝。回想来到这里第一天时是那么的不适应，不适应这里陌生的环境、陌生的同学，最糟糕的是同一宿舍里也没有一个认识的同学。我不知道接下来的几天应该怎么度过，但一想到要与外教面对面交流，心里又很激动。两种不同的心情在心中打转。

第一次上课时，面对外教，我真是什么都不懂，一脸茫然，只能尽力去听。外教应该是明白我们的处境的，所以他们讲得都很慢，还加上肢体语言。第二天，我感觉自己进步了不少。每天进步一点点，现在上课我虽然不能百分之百听懂老师在说什么，但听懂70%左右是可以做到的。我发现其实英语还是英语，只是我们的发音不标准，外教的发音是正规的，所以我们听不懂他们在说些什么。这是一个很好的机会，可以让我们纠正发音，提升自己。

在宿舍里同学们也互相交流，我们并不因为不是一个学校的而有间隙，反而有更多的话题可交流，可以了解彼此的学校，友谊也拉近了不少。

总的来说，这几天我收获了很多，相信未来几天会有更多的惊喜、更多的挑战等着我们去迎接。

临西二中　0050295　刘平平

来到夏令营的这几日，我的情感可以说是跌宕起伏。

第一天特别激动，希望见到外教。第二天心情却非常糟糕，因为在课上外教总是让我们发言，但由于性格等方面的原因，我非常不喜欢在别人面前讲话，而且还是在一个美国人面前讲自己不擅长的英语。但到了第三天，我却有了些小小的期待，猜测下一节课外教会给我们带来怎样的惊喜。慢慢地，我敢在课堂上发言了。因为我知道外教把我们当成正在咿呀学语的孩童，他会包容我们的错误，并且会耐心地教我们每个单词的正确发音。我逐渐喜欢上可爱的外教。

之前我是个英语成绩优异但口语极差的高中生，那时的我从没重视过口语，总是认为它并无多大用处，但接触了外教后，我才明白英语口语很重要。所以为了不留下遗憾，接下来的几天我会好好把握机会，努力提升自己的口语能力。

吴桥中学　0060257　张晓蕊

就在昨天下午五点半，我们与可爱的外教们告别了，天下无不散的宴席。虽然我们与外教只相处了五天，但我们已经深深地爱上他们了。他们有责任心、关心学生、爱护学生，都是好老师。即将分别，千言万语写不出我的不舍。当我和老师拥抱时，我掉泪了，但我没有哭出声来。

还有一天这一期夏令营就要结束了，短短七天，我学会了很多，懂得了很多。

我更加外向了。平时Cassie上课，我积极地回答问题，现在我的口语能力已经提高了很多。我更自信了，可以大胆地举起手用英语和老师交谈了。

这七天里我懂得要感恩。首先，要感谢父母。父母把我们带到这个多姿多彩的世界，含辛茹苦地把我们养大，赚钱供我们上学，他们真的辛苦了。其次，要感谢老师们。人一生中要有二十多年在学校度过。老师们没有任何企图，一心为自己的学生，帮助学生实现梦想，找到好工作，有个好的生活。再次，要感谢共同行动。以前，我不太懂什么是共同行动。可自从加入共同行动，我每个月都会收到一笔钱，心里热乎乎的。每一次中秋节，我们能和我们的老师、同学吃着共同行动秘书处带来的月饼，我真的很幸福。共同行动只是提供物质帮扶吗？不，不是的，每一笔汇款，每一次联欢会，每一次活动……其中都暗含着对我们的关爱，给予了我很大的心灵慰藉，我感到幸运与幸福。我们来自农村，可我们也能够享受城里人的生活，甚至可以比他们生活得更充实、更精彩、更意义非凡……

由此看来，我们不仅要感谢身边的人，还要感谢遥远却又亲切的人们。因为你们，我的生活更精彩。让我们一起共同行动，

闭营表演——手语《感谢》

不忘初心，将共同行动爱的精神传递下去。

转眼间，夏令营已过半，我感觉自己真的学到了好多东西。就说今天吧，苏老师给我们讲留学的经历。我们在会议室等着时，我见到一个学习特别好的同学，我就和他交流，问了几个问题。

1.你家长管过你的学习吗？答：没有。

2.你就是这么坚持下来的吗？答：对。

如此简单的两个问题却让我感到我是如此的幼稚。

我一直因学习成绩不好而受到批评，我总是把分数低的责任强加在别人身上，比如妈妈在我小的时候不管我的学习；姐姐从不鼓励我。但是听了这个同学的回答，我沉默了。

今天苏老师讲留学经历，让我感受颇深的是他的一个问题——梦想与现实产生碰撞时，到底是坚持梦想还是屈从现实。我想说，我喜欢体育，但家人全不支持，为此，我奋力和他们争吵，但我终究吵不过他们。后来我喜欢唱歌，我想当艺术生，家人还是不支持。最后，他们告诉我，我只能参加高考，其他的都不用想。我知道我的人生不属于我。

但我来到夏令营后经历了好多事，知道了好多。今天苏老师也说："当你把一件事做好时，并且坚持你的爱好，你就会有更多的机会去尝试，去展示。"

深圳市旧州中学　0130219　蔡商商

当我坐着车到达石家庄铁路职业中等专业学校的时候，内心有一种莫名的激动促使着我走进这所大学。这里的环境很陌生，但似乎在呼唤我。这里充满生机，更有一群阳光向上的同学，他们每个人都把这里衬托得格外美丽。

当天晚上，我和一部分外教见了面，当外教打招呼时，同学们都应和着，我也开始和他们打招呼。外教从头到尾说的话，我只听懂了一句，当时我很沮丧，因为我觉得英语太难了，没有中文翻译，我怎么能学会呀？慢慢地，我变得烦躁，我不想和外教说话，当时我连退营的心思都有了。我看到和我一起来的同学都不打算回去，我要是回去了不就成了逃兵，不行，不管怎么样，我也要硬着头皮熬过去。

拖到第二天，我带着烦躁的心情去了教室，当然教室里很冷，但也无法平息我内心的烦躁，我随便找了个位子坐下，等待暴风雨的来临，就这样开始上课了。老师并不像我想的那样严厉，上了一节课后，我感觉自己好像并不烦躁了，但我依旧听不懂他在说什么。又上了几节课后，我彻底放开了，他的热情深深打动了我，他用肢体语言和一些我们常见的单词问候我们，让我们体会他的意思，还和我们互动，一起做游戏，让我们在游戏中体会单词的含义，让我们喜欢上英语课，喜欢上用英语交流，这时候我感觉我的担心是多余的，烦躁是多余的，从心底生出对英语的热情和喜爱！

星期五早上有人告诉我外教们可能就要走了，那时候我不相信，我想："怎么也得和我们一起走啊，再怎么说也还有两天啊。"可我的想法错了，当天下午举行了离别活动，我们和外教互动，最后和自己的外教分别。我当时真的不敢相信，竟然这么快就要分开了，当时我心里很难受，我的眼泪在眼里打转，我强忍住了，但我的心痛啊。

在夏令营的这一周里，我能深刻感受到自己的成长，我觉得我已经爱上了英语，并且想更加深入学习英语。这个夏令营给了我机会，让我当了宿舍长和体委，给了我挑战自我的机会，让我明白了其实每个人都可以做得很好，只要你有勇气，没有什么可以难得倒你！

我觉得这次夏令营对于我们每个人来说都意义非凡。

深圳市旧州中学　0130220　单高翔

2017.8.5

在这里，首先我要发自内心地感谢共同行动给了我这次机会。在这里我接触了许多人，也交到了许多朋友，这使我的朋友圈又扩大了。这里的老师和同学都很友善，我吃到了以前吃不到的东西。我改变了我的格局，记得老师说格局就代表未来，我现在还记得。

我们亲爱的外教Barbara是我接触最多的外教。Barbara很热情，我们中级三班的每个人都很喜欢她。Barbara喜欢开怀大笑，笑得一点也不拘束，如果旁边有一朵鲜花的话，我相信鲜花也没有Barbara笑得美，那种美是一种自信，一种发自内心的美。Barbara很喜欢和我们做游戏，总能把我们每个人带动起来。Barbara也很喜欢和我们分享她自己的一些事情，我们永远听不够。Barbara对于我来说并不像一个长辈，而像朋友，我很喜欢这样的关系。

差点忘记早上的事情，每天早上跑完操后都有一堆体育用品等着我们去享用，我很喜欢这种感觉，所以每次都把自己弄得很累，但是很充实也很开心。

深圳市旧州中学　0130235　王许乐

和Barbara在一起的时光总是那么开心

坐着大巴来到陌生的石家庄，到达目的地。有人问我们为何如此快乐，我们笑着看着对方，一切答案都在心中。

首先，我每天见到的志愿者们都很亲切，让我感受到家的温暖。在这里我认识了很多朋友，还学会了普通话。最让我激动的是外教的到来。说实话，我除了以前去观看衡水马拉松时看到过外国人，就只是在电视、手机中见过了。这一次共同行动给了我和外教接触的机会，我很高兴，真的。教我的外教叫Barbara，刚开始Barbara说的英语我们一点儿也听不懂，但是Barbara脾气很好。Barbara今年58了，但是从心态上看，一点儿也不像58岁。Barbara很喜欢和我们做游戏。Barbara提问的时候喜欢多问一点关于我们的事情，比如生日啊什么的。Barbara是一个热情开放的人，Barbara每次和我们谈她自己时都是一点也不保留的。每次下课我们出教室时Barbara总会和我们拍手，很明显她把我们当成了最好的学生以及朋友。时间过得很快，几天一眨眼就过去了。我比较喜欢拍照留念，因为我觉得每当看到照片时，就感觉那个人还在身边。就在昨天，教了我四天半的Barbara走了，Barbara很伤心，我也很难过。Barbara把邮箱地址留给了我。我和Barbara合拍了很多照片。最后在拥抱的时候，我想用力一些，让老师感到我心中的不舍，结果Barbara比我更用力。今天我很早就起床排练，为今晚的晚会做准备。七天的旅行就要结束了，我想疯一下，今晚小品，我是主演。我很紧张，毕竟是第一次上台，说不紧张那肯定是假的，现在我怀着感动写下了这几天的感想。

经过这一次夏令营，我觉得我变了。

深圳市旧州中学　0130235　王许乐

2017.11.19

光阴似箭，七天匆匆而过，转眼间已是我在夏令营的最后一天。我仍然记得和外教、同学以及志愿者相处的美好时光。

在和外教相处的这五天里，我明白了许多。我了解到自己的英语口语能力是多么的差。许多学生和我一样都有一个共同的烦恼，那就是英语难，英语乏味，整天除了背单词就是背语法。但是我在这次的夏令营中了解到学习英语的快乐，了解到英语并不是无聊的，外教使我从内心深处爱上了英语，这或许是我最大的收获。

自然，我们在夏令营并不是单纯的学习英语，而是在游戏中学习，寻找学习的乐趣。外教并不会说中文，有的也不过是现学现卖罢了，外教只用英语和我们交流，却可以把课堂上的气氛活跃起来，这是不容易的。所以我们也很了解外教的苦心，我们会积极配合。

最后我真心感谢志愿者老师让我们有机会和外教接触，并深刻了解他们，了解自己的不足。

新河中学　0330274　付红甲

2017.8.31

自从加入共同行动，我从一个不自信的孩子变成了一个自信的少年，当听到“全封闭外教夏令营”时，我毫不迟疑地报了名。

我刚到这里时，虽然有些紧张却异常兴奋，我不知道接下来要发生什么，一切顺其自然。第二天，我遇到了外国教师，我们互相问候，说真的这是我生命中第一次如此近距离接近老外。

就这样我和我的同学分开了，到了自己的班级。一天一天过去，这已经是第三天了，我与同学们几乎都熟了，他们给我鼓励。外教也很幽默，我们在一起学习、做游戏，非常快乐。我不再像以前那样鲁莽，如今非常绅士。

说实话，跟之前相比，我确实更加大胆、绅士、懂礼貌了。

因为共同行动，我有了新的机遇、新的眼光、新的生活习惯、新的朋友，有了全新的自己。感谢共同行动，它使我不再迷茫，不再低落，让我睁开眼去看明天的朝阳。

临城二中　0520136　王卓彬

2017.8.2

转眼间，一周的夏令营即将结束，仿佛我们昨天才入营，今天就要和大家说再见了。

刚入营时，状况百出，我听不懂老师说什么，而且第一天就肌肉拉伤。那时候我谁也不认识，甚至感觉有些孤单，有些厌倦这里的生活，那时候的我更没想到最后我竟然会对这样的生活感到不舍，与我曾经不认识的人难舍难分。

昨天是我们和外教说再见的一天，我意识到曾经的想法是多么的不成熟。昨天我们和外教一起签名拍照，总感觉有一种奇怪的气氛压得我喘不过气来。面对大家我有些不知所措，想要逃避，眼睛好像进了什么东西，眼泪不住地流，有一个朋友安慰我："离别是重逢的开始，每一次离别都是为了下一次的相聚，我们还会再见的，我们都希望你快乐。"这样简短的几句话让我很感动。是啊，世界上每时每刻都有很多人离别，与其哭着逃避现实，倒不如笑着和大家一起面对最后的时光，不留遗憾。

短短的一周，将会成为我最宝贵的回忆。感谢共同行动给我这个机会，也感谢这一段时间每个人对我的关心和照顾，我将永远记得这段时光——我们共同的回忆。

临城二中　0520144　刘梓轩

跟外教接触也有两三天了，我也体会到外教的热情和活泼。

记得第一天上课，班主任坐在后面，因为我们都知道他是一位英语老师，所以有什么不懂的，我们就转头看着他，然后他就给我们翻译。后来上课的时候就看不到我们班主任了，然后我们就仔细听外教说的每一个单词，慢慢地熟悉了这种语言。

第二天，班主任又没来，但是我们突然发现外教说的我们都懂，而且也不需要班主任翻译了。外教那天教的内容简单吗？还是我们的智商突然变高了？我想应该是我们智商变高了，因为那天的内容我也都懂，而且我才不想说自己笨。

刚上课的时候，老师给我们起了英文名，那天老师把我们都认出来了，我们就觉得好厉害。我觉得我们班学生最大的改变就是不到两天班里的学生都熟悉了起来，特别热闹，我也不觉得紧张了，这几天也特别开心。

临城二中　0520153　赵旭若

2017.8.2

今天是我来到夏令营的第四天，还有三天共同行动夏令营就正式结束了。

这几天，我收获了许多。回想第一天，我们对这里一无所知，怀着茫然来到这里。但经过这几天的熟悉，我明白了许多，学到了许多。我认识了许多共同行动大家庭里的成员，从开始的互不认识到认识、相知，我们建立了友谊。

在这里，我们见识了外教们的教学方法，学习了不同的语言，这些使我得到了提升。外教们用语言之外的方式与我们交流、沟通，他们和蔼、亲切、友好并且幽默，我在这里总能得到乐趣。

我在这里，每天安排得满满的。我每天五点多起床，在宿舍楼下面集合，锻炼身体。通过锻炼，现在我不会再像刚来时那样腰酸背痛了。我一开始很想家，但这里的一切都吸引着我，令我克服了恐惧。昨天石家庄教育局副局长高岚给我们讲了为自己的人生做规划有什么用，如何规划人生。通过这几天的学习，我不再像以前一样不懂事、幼稚，我逐渐变得成熟、懂事。也许，这就是成长吧。今晚，一位老师为我们讲述了他留学的过程、感受。昨天我已经不再害怕交际，我学会了勇敢。虽然才四天，但我已经和以前不同了。

还有志愿者们，他们很有爱心，我长大后也想成为他们。所以从现在开始我有理想，有规划，有目标，迎接我的将是未知的精彩。

这次的夏令营会成为我人生中宝贵的财富，我会永远铭记在心。

临城二中　0520160　张威轩

2017.7.26

一周转瞬即逝，每当想起分离，都不禁泪流满面。

刚到这里时还懵懵懂懂，经过这些天的相处，我们熟悉了彼此。刚刚熟悉，便要分开，心里非常舍不得！

食堂叔叔阿姨们做的菜很美味。外教的英语在耳边萦绕，她时常在课上开一些小玩笑，使我们更加有兴趣学习英语，我们经常一起做游戏，经常一起哈哈大笑。外教给了我们太多的耐心和爱。分别时，她哭了，她不想与我们分开，我们更不想。分别时，她送给我们礼物和信，里边是鼓励我们和安慰我们的话，我不敢打开，因为当时我的眼睛已经红了，我怕看了信以后会哭出来，可是最后我还是不争气地哭了，老师与我们一一拥抱，老师为我们在衣服上签名，我们不甘心地说了再见。

在这些日子里，我的英语有了很大的进步，也收获了友谊，并且我的性格也有了很大的改变，我真心感谢我们的共同行动。

涉县原曲中学　0590076　郝茜茜

2017.8.5

《感恩的心》是我们耳熟能详的，但又有几个人真正懂得感恩。自从加入共同行动，感恩逐渐在我心里清晰起来。

离开前签字留念

我很荣幸成为夏令营的一员。时间过得飞快，今天已经周三了，我们在这儿已经不知不觉过了四天。我已经由开始的胆怯变得渐渐爱上了这里。

来到夏令营，我的视野变得开阔，我见到我的外教Barbara。她的上课方式非常有趣，时不时引得我们哄堂大笑，她为了让我们记住句子，总是以游戏的方式教学。我此时才真正懂得兴趣是学习的关键。这几天，虽不能说我的英语成绩有多大提高，但我似乎爱上了英语。

这是我学习上的体会，交流上也有了深深的感悟。

Mike是一个慈祥的老人，当我们与他交流时，他总是单膝跪地，这或许就是真正的平等吧。

我此时只想说一句：“共同行动，感谢您！”

涉县原曲中学　0590078　王艳招

不知不觉，时间已经悄然流逝，转眼间已经到了离营的日子。回想过去几天的点点滴滴，我猛然发现我收获了很多，有深厚的友谊，有与外教在一起时的欢声笑语。

在夏令营的这几天，我取得了很大的突破，我十分内向，从不愿与人多交流，所以交朋友对于我来说也是十分困难的。但是在夏令营里，在老师的鼓励下，我勇敢迈出了第一步，我竟然主动跟别人说话了，这对以前的我来说简直是天方夜谭，但是我做到了，我真的做到了，当时我无比激动，无比喜悦，我才发现原来与人交朋友是如此简单。

然后我又交到了好几个好朋友。这是我在夏令营里最大的收获。

同时我的英语水平也有了很大的提高。来这里之前，我一直认为英语就单单是一门学科，我之所以学它，就是为了考试，为了得高分，为了有一个好的前途。但到这里后，我的外教跟我说，英语是一种语言，就和汉语一样，我们在学好它的基础上还要应用它，要把它当作一种语言，而不是一个科目，老师从根本上改变了我对英语的看法。每节课我都尽力去理解老师，尽管有时候完全听不懂她在说什么，就这样磕磕绊绊听下来，我发现我在进步，第一天压根听不懂，第二天听懂了些皮毛，第三天老师说的一多半我都可以听得懂，等到第四天、第五天，我竟完全可以听懂了。

涉县原曲中学　0590079　秦金坤

2017.8.5

鲜花感恩雨露，因为雨露滋润它；苍鹰感恩长空，因为长空让它自由飞翔；高山感恩大地，因为大地让它高耸；而我感恩这些天默默付出的外教、老师、志愿者以及在我们身后支持我们的爱心人士、父母，因为是他们让我在知识的海洋里遨游，是他们让我明白了我该干什么，是他们让我变得开朗。

一开始，我根本就不知道外教在说什么。现在我可以根据外教的手势基本理解他的话。外教一个又一个的笑容让我感到无比兴奋，好似一朵朵花尽情绽放。外教认真负责的工作态度，让我感到分外钦佩。那跪下的姿势使人惊叹，中国有句话——“男儿膝下有黄金”，可外教要和我们成为朋友，他们想和我们交流，想使我们有所提高。

来到这里，我或许在成绩上没有太大的变化，但是我至少明白了一些道理——见识决定未来的格局，格局决定将来的人生。没有规划的人生是拼图，有规划的人生是蓝图。没有目标的人生是流浪，有目标的人生是航行。我们奋斗的天花板不过是别人的起点，所以我们要更加努力。

人生是一场苦旅，它很漫长，我们遇见了命中的恩人，于是我们的人生变得多彩。学会感恩，让感恩的心飞出万里，用感恩的心温暖世界。

涉县原曲中学　0590087　李振芳

参加外教夏令营已经四天了，在这里我认识了许多新同学，认识了许多外国老师，他们不会说中文，但他们使我们学习英语的兴趣提高了不少。通过这几天的学习，我长了不少见识，体会到不一样的人生。我不再是那个在村子里待了十几年没出过小县城的傻小子，我有了更高的追求、更高的素质。

每天晚上我们都有一节素质教育课，而授课的老师也不是一般的大人物，有石家庄名校校长、著名主持人、教育专家等，他们帮我们打开了眼界，使我们不再迷茫。我也有了目标，那就是当一名软件工程师。在科技发展如此快的今天，数字化已成了一个不可逃避的趋势，而软件的设计开发就显得更为重要，并且我很喜欢创造出一个有特色功能软件的感觉。这几天我发现了一个不一样的自己，拥有了一些别人无法拥有的阅历。

是共同行动给了我这次机会，感谢共同行动。

威县二中　0800013　王福宽

首先想感谢共同行动，谢谢志愿者和爱心人士，让我有机会步入大城市参加这次夏令营！

在这四天中，最幸福的是能上外教的课，虽然我听懂的不太多，但我现在渐渐能听懂他们想表达什么了。我获得了许多感动，比如我的外教Hopkins看到有位学生眼镜坏了多次，就坚持要给他配眼镜。

还想说的就是每天晚上的素质教育课，每天听不同的人讲不同的内容，每天都有收获。

最后，还是要感谢共同行动，有了你们的策划与帮助，我们才能每天早上学习不一样的项目，每顿饭都不一样，每天听的课都不一样，由衷感谢这个大家庭。

任县中学　0810013　孟雅宁

一转眼夏令营的生活已经过去四天了，在这短短的四天中有过汗水，有过悠闲，有过激动，有过沉默，有过享受，有过无奈，但我从来没有后悔来到这里。这个夏令营真的是一个神奇的地方，可以使人改变许多，做出自己想都不敢想的事。

外教们真的很可爱，他们与我们一起上课、做游戏的场面历历在目，正像一位老师所说的："参加夏令营之后，成绩不敢说有多么大的变化，但对英语的看法肯定产生一个质的改变。"

自从来到这里，我逐渐变得外向了许多，看事情的角度发生了改变。在这里我结交了许多真心对我好的朋友，做事也变得主动起来。总而言之，夏令营使我改变了许多。

任县中学　0810014　侯雨卓

转眼间已经过去三天了。

在这里，我很快乐，早晨与大家共享明媚时光，一起运动。外教们很活泼，很善于表达，是一群幽默的老师，我喜欢他们的热情。志愿者们和老师们也很友善。

在这里，我学到了很多，尤其是英语。我看到不一样的世界。

感谢帮扶点给我这次机会，让我变得更勇敢、自信、乐观，像变了一个人似的，最重要的一点是我现在更喜欢英语了！

我祝福共同行动越来越好，把爱心传递下去，让更多人参与共同行动。我希望，这个世界能有更多像共同行动一样的组织，让这个世界充满爱，让这个世界变得更美好。

入营第三天学生写心得，把心里的感受都写出来

威县二中　0830042　朱淑芬

这次夏令营活动，让我认识到很多，也成长了很多，学到了很多在课本上根本学不到的东西。

说实话，来之前我就在想，夏令营里的人会不会很难相处，会不会出现一些校霸或者满嘴脏话、举止不文明的人，这里的老师会不会很严格、很凶，上课是不是还是依照传统方式。我有很多很多的疑问，也有各种各样的担心，担心和同学相处不来，担心不会和老师沟通，担心老师课堂上很严厉。

可是到了这儿以后，我所有的疑虑和担心都烟消云散了，因为当我到了这里以后，我看到的是老师、志愿者们的和蔼和来自不同学校同学们的热情，完全没有我想象中的现象，所以我的疑虑是多余的！来到这儿以后，我们总是犯错误，惹得秘书处老师和志愿者哥哥姐姐们不开心，我为此感到非常愧疚，每次我都很想说声“对不起”，可我总是不敢！我很气我自己为什么没有这个勇气，我为什么做不到。

经过这六天，我真的改变了。我敢和亮亮哥、婷婷姐和如月姐姐说话了，我发现他们也是很有趣的，他们比我们大不了多少，所以我们有共同话题。我也敢对食堂的叔叔阿姨和哥哥说声谢谢了。这次活动给了我勇气，让我学到了团结合作的真正意义，让我学会了怎样与人友好相处，让我对英语产生了更浓厚的兴趣。

可是太晚了，我们马上要走了，才和亮亮哥、如月姐姐和婷婷姐打成一片，婷婷姐说：“看你们这都要走了才放得开，好可惜呀！”对呀，好可惜！但没关系，这次我们在这里相聚，就是一种缘分，我会永远记住这份美好的回忆。我爱你们，我爱共同行动的每一个人！

同时我也要感谢共同行动中为我们无私奉献的叔叔阿姨们，是你们给了我机会，给了我勇气，让我有如此宝贵的回忆。在此我要对你们说声：“谢谢你们，在这短短的六天内，我真的改变了很多。”

魏僧寨中学　0340332　胡鑫营

今天就是星期六了，明天我就要离开这里了，离开这个学校，离开这些同学，离开这些亲爱的外教，我心里很舍不得。在学校的这段时间里，我收获了很多，收获了知识、友谊，还有一些自己从来没有过的经历，我想这些会使我牢记一生。

自我们进入学校以来，共同行动就对我们进行了许多素质教育，让我们懂得了许多，它改变了我的人生观，使我对自己的未来有了很明确的目标，让我确定了自己接下来的路应该怎么去走，虽然老师在学校也给我们说过这些，但我从未像这次一样感触如此深，这应该就是实践的魅力吧。耳听不如眼见那么真实，这几天晚上每天都会有不同的老师来对我们进行教育，对我们每个人都有很大的帮助。

除了这些，我们也体验到不一样的课堂。以前，我们的课堂总是一本正经，没有活力。但在这周的课堂上，外教会和我们玩游戏，开玩笑，用各种方式与我们交流，非常有趣，使我们对上课产生了浓厚的兴趣。这几天下来，我们与外教有很多的交流。我们会问他们许多问题，这使我们了解了一些外国的知识，在周四我们的外教Gordon和Barbara让我们看了一些他们家庭的、家乡的照片，真的好美，当我们看到他们一大家子人，也真的好惊讶。好大的一个家庭，这在中国显然是没有的。

周五是很沉重的一天，因为这是外教教我们的最后一天。老师在课上与我们告别，说他们很高兴可以来到这里并且能教我们英语，我们带给了他们很多快乐，他们会永远记得我们，我们永远是他们的学生、朋友。老师还给我们拍照留念。真的很舍不得他们，不想离开，想永远让他们教我们英语，但我自己知道这是不可能的，该离开总是要离开的，能有这五天的接触也是我们的缘分，我们会永远珍惜这份回忆，我会永远记住他们，记住这些同学，记住我们在一起的时光，记住那洋溢着快乐的课堂，我会将这些珍藏心底。

最后，我要感谢共同行动，谢谢你们给我这一次机会，让我可以学到这么多的知识，让我接触到这么多同学，让我认识了如此可爱的老师，开阔了我的眼界，使我收获了许多，我将永远记住这不同寻常的一周。

临西二中　0050295　刘平平

大家好！我是赵新革，来自河北省威县二中。下面来跟大家谈一谈这几天的心得。

先说说宿舍吧。这是我第一次见到十二人的宿舍仅仅住了五个人。我们自己的小家真宽敞。我感觉很放松，很开心！

餐厅里打饭时，同学们有序地排队，我深切地体会到同学之间的礼让，互帮互助。

最让我感到欣喜的当然就是我们的外教了！从开始接触英语到现在，大概也有七年了，但这是我第一次跟外国人对话，我感觉很新鲜！活泼可爱的外教们，让我们情不自禁地喜欢上他们，也喜欢上英语。每个外教都会变着花样教我们。很喜欢这样的课堂，很喜欢活泼的外教们，很喜欢积极的同学们！

非常感谢共同行动给我们这样一个机会，让我有机会认识大家，很开心！不虚此行。

威县二中　0830038　赵新革

弹指间，四日光阴已匆匆逝去，记忆却永远也抹不去。

在这里我学到了很多。我保持激动与兴奋，仿佛初来此地。我学会了热情待人。Gordon和Barbara教会了我热情与自信。是的，自信，永远保持微笑的女生运气不会差。他们已经有五六十岁了，但难以置信的是他们的童心丝毫不逊于我们，所以他们看起来很年轻。我变得更加活泼，虽然我本来也蛮活泼的，甚至在课堂上手舞足蹈，我觉得这才是最珍贵的。严于律己是范老师不断强调的品质，我曾经这样想过："每天将自己拘束于这些条条框框中是否太累，为什么不能轻松自由地过呢？"其实这都是因为我们太年轻，太浮躁。为什么会感到束缚？因为拘束，可拘束感正来自过去的不羁与散漫，如果将身上的陋习像砍掉树上的旁枝一样改掉，即便很痛，但却无悔。

一艘没有目标的船，在哪儿都是逆风而行。目标明确，是高岚老师教会我的又一哲理。迷茫的人不过是在虚度光阴，而这种虚度光阴的感觉是在时光流逝之后才能感受到的。没有人可以一蹴而就，没有人可以预见未来。高老师说目标可以一步一步设立，逐个拔下那些小红旗，最终会发现已经到了岸，而且是个温暖舒适的港湾。

清河中学　0800009　邱玲

晚上，我们会上素质教育课。我学到了要心怀感恩之心对待每一个人；我们虽然改变不了别人，但是能改变自己；高老师说道："没有规划的人生叫拼图，有规划的人生叫蓝图；没有目标的人生叫流浪，有目标的人生叫航行。"在以后的日子里我一定要积极规划我的人生，不让别人左右我的人生，不再茫然航行。

感谢共同行动这个大家庭让我认识了更多的朋友，让我认识了幽默的外教、志愿者们。将来我一定要做志愿者，去帮助那些更需要帮助的人！相信我可以做到！加油！

任县中学　0810023　郭雨欢

东镇中学帮扶点参加夏令营的同学及带队老师张静茹与外教合影

转眼间距离我们离营的时刻只有一天了，在过去的六天里，我有许多的快乐与收获。刚来到石家庄的时候，来自六所不同学校的同学们聚集到我们418宿舍，我们逐渐彼此熟悉，成为好朋友，我想对我们宿舍的人说：“We are a team!”在昨天晚上的介绍会上，宿舍长介绍了我们宿舍的每一个人，宿舍长还说我非常“young”，哈哈哈。

在和外教相处的这几天中，我很感激他们顶着这么炎热的天气给我们上课，还非常关心我们。我的外教Ms. Hopkins还给班上的每一位同学认真地写了一封信，我们非常感动。昨天共同行动的志愿者姐姐们还特地来我们班给一位大哥哥过生日，带来好多零食，哇！真羡慕呀！Ms. Hopkins也亲手为他做了一个生日帽，大家都为他唱了生日歌，祝他生日快乐。

时间真的过得好快呀，马上就要回家了，真的有点舍不得这个大家庭，在剩下的这点时间里，我一定会做得更好，希望我可以和我在这里认识的朋友们一直保持联系。

临城县东镇中学　0490192　吕佩瑶

7月16日，我期待已久的夏令营终于开始了，我怀着兴奋、忐忑、好奇来到营地。

第一天范老师给我们讲了入营的注意事项以及我们入营后的安排，同学们都听得很仔细，晚上我们举行了开营仪式，有四个外教参加了我们的开营仪式。第二天，我们丰富多彩的夏令营就开始了。

我们有可爱的外教，有不辞辛苦的志愿者，有时时刻刻关注我们的带队老师，还有很多很多人，他们都在关心我们，尽力为我们服务，让我们更好地去适应去享受这次夏令营。

天气很热，但并没有夏令营的老师们的热情热，我们按照日程表上了三天的课，从不知所措变成放开了去活动；从不好意思跟我的外教Gordon说话，到上课时能够积极发言，下课能够和Gordon谈论许多有趣的人和事；从一开始跟宿舍里的新朋友不说话，到现在回来宿舍我们能凑在一块儿分享我们学习到的东西，一起谈论我们各自所在学校的样子。

短短三天，我们改变了太多，我们也学到了很多，我们学会了说正宗的美式英语，我们学会了对身边为我们服务的老师们问声好，我们学会了用宽容的心去对待他们，我们更学会了负责，学会了担当。真的不想走了，真的很感谢共同行动能给我这样一个机会。不光使我增长了见识，而且使我的心灵受到触动，我想这就是共同行

风趣幽默的Gordon总是受到孩子们喜爱

动想让我们感受到的东西吧。

接下来的三天我也会好好表现，好好学习，不忘初心，不忘感恩，将我心中的爱传递给更多的人。

深州中学　0120255　张宁

2017.7.19

我从来不知道，原来七天可以这么短，感觉入营、见到我们可爱的外教Gordon还是昨天的事。舍不得，是真的舍不得。七天，足以让一群素不相识的人建立深厚的感情，但我们就要分离，我不知道该怎样表达我心里的感受，但，我相信夏令营的孩子们能理解。

天下没有不散的筵席，我们总归要分别，但，我们是幸运的，因为，没有相聚哪儿来的分离，我们相知、相识、相熟，我们的心在一起，“海内存知己，天涯若比邻”。

我记得，在课堂上，Gordon经常会做一些搞笑的动作和表情来逗我们笑，还总是为我们模仿各种东西。他用左手写出的字很可爱。他给我们分享他在美国的家，他给我们看他和Barbara的9个孩子和16个外孙的照片，带着我们做游戏……他是我们的老师，更是我们的朋友，我们都很爱他！

我记得，志愿者哥哥姐姐们每天都跟随我们，记录我们的点滴，见证我们的成长，他们很用心地为我们服务，为我们着想，和我们打成一片，我不会忘记他们，我会一直想念他们。

如果没有共同行动，我们是不会有这些体会、这些经历、这些收获的，所以我最感谢的还是我们的共同行动。我为我是共同行动的一员而骄傲。我们并不比别人差，我们肯进步，肯上进。我们是一家人，在我们这个大家庭里，成员结成一气，不管老成员还是新加入的成员，我们都是一家人！

夏令营的结束，是一次小小的离别，也是我们相识的开始，我们不能用眼泪来面对分离，我们应该用微笑面对。相信我们会有再聚的一天，能聚在一起就是缘分，我们的缘分不会尽，只会随时间的流逝愈发醇厚，令人回味无穷。

深州中学　0120255　张宁

2017.7.22

蝉鸣炎夏是一年中最煎熬的时候，但是我想说，因为共同行动的陪伴，今年我不热。骄阳似我，青春似火，我们只会越来越好，在这几天中我最大的收获就是明白了世界那么大，必须去看看。

在入营仪式上老师就给我们讲为什么要办这个夏令营——让我们开阔视野。我以后会是什么样子，会富有吗，会优雅吗，会幸福吗？我不知道。但是我会有爱心，会有勇气——承担的勇气，与困难作战的勇气，我会有素质，我想谢谢共同行动的志愿者们为我打开了一扇通往世界的窗。

第二天我遇到了Emily，一个活泼阳光的美国女孩儿，她告诉我很多关于她故乡的事，比如沙滩、大海、自由女神。我喜欢上英语。我的英语口语真的很差，在故乡的小城里我们很少有机会说英语，但是Emily从来没有放弃或嘲笑过我们，我想跟她说："I love you."

第三天如约而至，又是一个艳阳天，尽管七月的阳光并不受人欢迎，但我还是很开心，任老师带我们看了一位设计者设计的中国城市的图标，原来设计这么神奇。更重要的是他告诉我们要走出去，世界是美好的，生活也是美好的，并且会越来越好。今天我们去参观了（河北）博物院北区，让我收获最大的不是那些古董或现代化的设施，是带我们参观的志愿者，我不知道她叫什么，但我认为她身上有一种我没有见过的美丽，她身上有一种现代女性的风度，一种与生俱来的优雅和自信，她讲在国外博物馆的经历的时候我想到了一句话："也许长大以后我会成为你。"

谢谢共同行动给我的另一个家，也谢谢你们为我开启了一扇窗。

赞皇中学　0150375　郭浩怡

2017.7.19

七天转眼就过，马上要离开了，现在更多的是不舍，不舍得Emily，不舍得那些大哥哥大姐姐们。昨天晚上我去找婷婷姐聊天，真的很喜欢她。每一次相遇都是缘分，我会珍惜这段缘。

在这短短的七天里，我觉得共同行动给我的不仅仅是知识、

Emily对大家来说不仅是位外教，更是位好朋友

见识，更多的是一份家的温暖，那天我们和志愿者、外教一起包饺子，看着男同学们傻傻的样子，真是忍不住想笑，我就像姐姐一样教他们包饺子，我觉得这真是一段有趣的回忆。不管我走到哪儿，我都是共同行动大家庭里的成员。

就像在上一次心得中写的，这份见识对我也很重要，我更深地理解了“世界那么大，我想去看看”这句话，我更加明白我必须努力，更不能放弃梦想，Emily曾对我说：“Never give up.”我相信我的未来会越来越美好。和Emily的友谊，也是我最大的收获之一，有一次Emily问我为什么徐悲鸿画的马有八匹呢，在我给她讲背后的故事的时候，她看我时信任的眼神是我一辈子也忘不了的。在我眼里，我的外教是那么友好，那么漂亮。来夏令营以前，我没有目标，没有梦想，现在我想看看更远的世界，我知道这很难，意味着我有很长的路要走，但是我想试一试，心有多大，舞台就有多广，没有比脚更长的路，没有比人更高的山。

最后我想说说我的梦想，我想成为一个优秀的医生，因为，这样能更好地实现我救死扶伤的梦。我不知道明天的我会成为一个什么样的人，我也不知道明天的我会往哪里走，但我会记住，我是共同行动的一员，不管我住在哪儿，在做什么，我都要有爱心，有上进心。我有一个特别重要的任务，就是把爱和希望传递下去。昨天我对金芳姐姐说：“今年我18岁了，明年我就要上大学了，我还会来的，只不过角色换了。”我可能永远不会优秀，

离营前，同学们在旗子上签字

但我会一直努力。当你见过大海的宽广，你就再也不会满足于乡间的小溪，谢谢共同行动。

艳阳天，青草离离，待明年，秋风起，我还会来这里！

赞皇中学　0150375　郭浩怡

2017.7.22

第一次心得

这是我第一次来石家庄，也是我第一次真正意义上走出农村，怎么说呢,这三天收获颇丰，我感到世界如此美妙，学习如此轻松，生活如此愉快，假期如此难忘。

刚来那天，我坐车到学校大门口。下了车，我被眼前的景象惊呆了，一栋栋高楼大厦拔地而起，一辆辆汽车从眼前驶过。我说不清当时心情是怎样的，应该是兴奋吧。第一天上课，我见到我的英语老师凯西，蓝眼睛，棕色的头发，胖胖的身材，她讲得非常有意思。她知道我们刚来石家庄，不太适应这里的生活，她怕我们听不懂她的英语，所以她故意把语速放慢，而且有时一直重复一个简单的词，我想对她说一声谢谢。她带领我们玩一些新颖的游戏，来帮助我们记学过的一些单词，这个方法很有效，同学们不仅玩得开心，还都学会并记住了。第二天晚上，河北省著名设计师任老师来给我们讲课，他的小辫子和胡子引起我们极大的注意，他说话也特别有趣，他给我们讲了他的人生历程，让我们对设计有了一个新的定义。第三天我们去参观了河北博物院，这是我第一次去博物馆，刚进门就为里面的设计和装饰所折服，就像进了世外桃源，里面有太多的新鲜事物，我感到无比新奇，对许多事物都充满好奇。

我想对共同行动的老师们还有负责人说一声谢谢，感谢你们为我们做的一切，让我们安心在这里学习英语，感受城市的气息，我觉得这次夏令营活动最重要的意义是开阔了我们的视野，让我们增长了见识。你们尽心尽责，为我们准备好一切，我想再次说一声谢谢，我会履行我的诺言，未来我会把我的第一份收入的一半捐给共同行动这个帮了我两年多的爱心组织。

叔叔阿姨们，我会永远记住你们，感谢你们为我们做的一切。

第二次心得

今天是夏令营活动的倒数第二天，明天我们就要回到自己的学校，说实话真的好舍不得,感谢共同行动的所有老师们，是你们让我有这次来石家庄学习的机会。

通过这几天的学习，我收获颇多。和Cassie在一起的这五天我学到了很多，不仅我的英语口语水平有了非常大的提高，而且我和Cassie建立了深厚的友谊。她昨天和我们一起包饺子，真的非常有意思，我还是第一次见外国人包中国的饺子。她今天去北京了，我有点想她。在这里有丰富多彩的活动，我很喜欢参加这些我以前从未参加过的活动，活动充满趣味。我们在欢乐中学习，在欢乐中成长，在欢乐中提升自己。

记得有那样一个活动，六七个人为一组，老师给每一组发一张任务卡，各个小组去找到其他的外教，按任务卡上的要求去做。因为时间不够了，我们有两个任务没完成，我多么渴望能再有五分钟，可时间一去不返，我们也只能这样了。这样的活动在我原来的学校是想都不敢想的，这次夏令营开阔了我的眼界，让我看到许多新奇的东西，也让我学到许多新奇的东西。

像我这样的农村孩子，可能一辈子都出不了农村吧。我很高兴我能有这样一次不一样的经历，很高兴能认识这些无私奉献的志愿者们。我现在就像雨露滋润后成长的蒲公英，随时可能让风儿带走，但是我相信扎根后风采依旧。我一定会履行我的承诺，将来用自己的实际行动来报答共同行动，时刻怀揣一颗感恩的心，未来一路向前。

涉县鹿头中学　0370092　樊鑫科

Postescript 后记

愿为你打开通往世界的那扇窗

——共同行动基金会《不一样的夏令营》

2017年夏天，中国北方城市石家庄高温、闷热，从7月9日到8月18日，整整42天里，来自遥远太平洋彼岸的11位美国教师与中国志愿者们一起，冒着最高时达41℃的酷暑，历时6周，在河北省共同行动助学基金会资助的慈善公益活动——共同行动2017年外教夏令营中，与近千名来自河北、内蒙古的农村中学生营员结下了深厚的情谊。真诚与博爱、奉献与感恩成为这个爱心夏令营最动人的旋律。

作为共同行动基金会的一名志愿者，我有幸负责共同行动2017年外教夏令营的组织管理工作。在夏令营的每一天，我都被一些事情感动：忘不了共同行动基金会发起人、理事长魏星为了让从未走出过家乡的农村帮扶学生能够发现自我、提升信心、培养国际视野，多次赶往北京与夏令营承办机构反复沟通，甚至远赴美国实地考察，落实夏令营的每个细节。他就是共同行动的“大家长”，用他的人格魅力演绎出大写的“爱”。

忘不了共同行动的爱心志愿者们连续6周放弃周六、周日休息时间，热情迎送每一期营员，从第一天迎接学生入营，到最后一天在大门口列队挥手送别孩子们，他们就像孩子们的妈妈，关心着每一个孩子的成长与点滴进步。

忘不了每天早晨六点准时来到操场、义务带领孩子们进行体育训练的教练们；更有那些不计报酬、坚持在晚上为孩子们上素质教育课的各行业“大咖”们，他们用专业的学识、广博的见闻为孩子们打开了一扇扇通向未来的理想之门。

忘不了平均年龄不到21岁、在42天里始终坚守的驻营大学生志愿者们，她（他）们都是受过共同行动帮扶的农村学生，考上大学后自愿成为志愿者。从开营前准备物料、分配宿舍，到入营监考、卫生督查，每天巡营，任劳任怨，她们充满青春气息的身影活跃在每一个需要的岗位。她们就像归来的鸿雁，践行着最初加入共同行动时的诺言。

忘不了不远万里初次来到中国、对共同行动夏令营孩子们悉心教诲的外教们。在42天里，他们克服了语言不通、饮食不习惯、高温难耐、身体不适等诸多不便，以饱满的热情、纯正的英语、严谨的教学、幽默的谈吐和对孩子们无私的爱，赢得了中国孩子的尊敬与爱戴。每一期离营前，孩子们与外教拥抱，师生同时洒下的泪水完美诠释了：爱是没有国界的。

忘不了每天为孩子们认真准备三餐的厨师和服务员们，可口的饭菜引得农村孩子声声赞叹；忘不了张大林校长和学校老师们牺牲暑假每天巡视营地，确保孩子们的安全；忘不了《石家庄日报》摄影师们在烈日下为孩子们捕捉精彩镜头时汗透衣背的背影……

忘不了,忘不了……实在有太多美好的回忆长久地留在我们每个人心里。参加夏令营的孩子们把他们心里的感动写成了文字，他们是这个夏令营真正的记录者，于是有了这本《不一样的夏令营》。愿共同行动能为这些追求进步的农村中学生开启一扇通往世界的窗。

共同行动志愿者　范文燕

2018年3月于河北石家庄